novum pocket

AF146705

Kimberly Ewald

Wo der Wahnsinn Zuhause ist

novum pocket

Bibliografische Information
der Deutschen Nationalbibliothek:

Die Deutsche Nationalbibliothek
verzeichnet diese Publikation in der
Deutschen Nationalbibliografie.
Detaillierte bibliografische Daten
sind im Internet über
http://www.d-nb.de abrufbar.

Alle Rechte der Verbreitung, auch
durch Film, Funk und Fernsehen, fotomechanische Wiedergabe, Tonträger, elektronische
Datenträger und auszugsweisen
Nachdruck, sind vorbehalten.

Gedruckt in der Europäischen Union
auf umweltfreundlichem, chlor- und
säurefrei gebleichtem Papier.

© 2023 novum Verlag

ISBN 978-3-903382-67-1
Umschlagfoto:
Amanda Geyer | Dreamstime.com
Umschlaggestaltung, Layout & Satz:
novum Verlag

www.novumverlag.com

Springteufel, Springteufel,
Komm' aus deinem Kästchen
Springteufel, Springteufel,
Ich hab' dich so lieb
Von Ketha Fasmier, vermutlich 16 Jahre alt.

Plötzlich spürte ich einen Schlag mitten ins Gesicht.
Sofort schoss Blut aus meiner Nase, sodass ich mir beide Hände vor mein Gesicht hielt.
Ich hörte, wie mein Vater seine Autoschlüssel nahm und die Haustür hinter sich zuknallte.
Von Levi Ziegler, 16 Jahre alt.

Es war Mittwoch. Als mein Wecker klingelte, hatte ich keine besonders große Lust aufzustehen. Doch ich musste. Ich möchte natürlich, dass aus mir etwas Anständiges wird. Also stand ich langsam auf und zog mich an. Danach betrachtete ich mich in meinem wellenförmigen Spiegel. Ich musste nachdenken. Über mich. Über Milan. Über das, was gestern im Sportunterricht geschehen war. Wir spielten Basketball. Ich rannte und wollte Milan den Ball abnehmen. Milan wollte dieses natürlich verhindern. Er drehte sich und schubste mich währenddessen aus Versehen. Nicht mit Absicht. Hätte er mich nicht aufgefangen, wäre ich nach hinten gefallen. Seitdem denke ich nach. Über mich. Über Milan.

Plötzlich riss mich das Geschrei meines kleinen Bruders Oliver aus den Gedanken. Ich schaute auf den Wecker und musste feststellen, dass ich schon längst am Frühstückstisch sitzen müsste. Also rannte ich schnell die Treppe hinunter, wobei ich fast meine Mutter umrannte, die auf dem Weg zu meinem Bruder war.

„Tschuldigung", sagte ich und setzte mich an den Frühstückstisch, an dem ebenfalls mein Vater saß.

„Guten Morgen mein Schatz, möchtest du ein Mohn- oder Roggenbrötchen?"

„Mohnbrötchen." Also nahm ich es mir und bestrich es dick mit Butter. Danach belegte ich es mit einer Scheibe Gouda. Nachdem ich einen Bissen genommen hatte, fragte ich meinen Vater: „Musst du heute arbeiten?"

„Ja und heute sogar länger als gestern. Ich soll heute auch Lou mitbringen."

Ich wollte von ihm wissen warum. Mein Vater sah von seiner Zeitung auf und blickte auf seine Armbanduhr.

Plötzlich sprang er auf und sagte: „Ich muss los, schönen Tag." Danach ging er in den Garten und kam kurze Zeit später mit Lou an der Leine wieder hinein.

Im selben Moment kam meine Mutter die Treppe hinunter. „Musst du schon los?", fragte sie. Leider bekam sie keine Antwort, da mein Vater schon weg war.

„Nie kann er sich wenigstens verabschieden", entgegnete sie traurig.

„Ach, sagte ich, du musst ihn verstehen. Er hat doch erst vor kurzem mit seinem neuen Job angefangen."

„Du hast ja recht. Ich bin mir nur nicht so sicher, ob er als Vertreter einer Hundefutterfirma den richtigen Job für sich gefunden hat."

„Warte doch erst mal ab, beruhigte ich sie, er wird schon wissen was er tut. „Weißt du, warum er Lou mitgenommen hat?"

Meine Mutter setzte sich jetzt ebenfalls an den Küchentisch und schenkte sich eine Tasse Kaffee ein. „Ich glaube, dass seine Firma einen Werbespot für das Hundefutter drehen möchte. Es ist bereits zehn nach sieben. Du musst raus, der Bus wartet nicht auf dich."

Daran hatte ich gar nicht mehr gedacht. Also ging ich in den Flur, zog mir meine Jacke und Schuhe an und schnappte mir meine Schultasche. Danach verabschiedete ich meine Mutter und verließ das Haus.

Draußen an der Bushaltestelle, die zum Glück direkt vor unserer Haustür liegt, wurde ich schon von meiner besten Freundin Nelly erwartet. Ich kenne sie nun schon fast sieben Jahre und seitdem ist sie meine beste Freundin. Wir gehen zwar auf unterschiedliche Schulen, sehen uns dennoch fast täglich.

„Es ist ganz schön kalt geworden", meinte sie, als sie mich in den Arm.

Ich musste ihr Recht geben. Wir haben es schon Winter und der erste Schnee wird bestimmt nicht mehr lange auf sich warten lassen. Somit rückt mein Geburtstag näher.

„Wie viele Unterrichtsstunden stehen dir heute bevor?"

„Sechs", antwortete ich. Zwei davon waren leider Sport. Ich habe eigentlich nichts gegen Sport. Bin zwar nicht die Sportlichste, habe dennoch nichts gegen Sport. Nur etwas gegen Herr Tenim. Unseren gottverdammten Sportlehrer. Er ist zwar nett, aber ziemlich schräg.

Als der Bus kam, wollte ich mich so unauffällig wie nur irgendwie möglich verhalten.

„Halt junge Dame, den Fahrschein bitte."

Leider musste ich gestehen, dass ich ihn vergessen hatte. Hatte ihn wohl in der Eile liegen gelassen. Zum Glück reagierte der Busfahrer verständnisvoll und ich setzte mich neben Nelly. Sie ließ mich am Fenster sitzen. Sie kennt mich einfach zu gut. Immer wenn ich aus dem Fenster gucke und die vorbeiziehenden Häuser, Bäume und Menschen sehe, muss ich nachdenken. An die schöne Zeit, die ich damals hatte. Damals war alles noch so einfach. Ich hatte viele Freunde und ging auf eine tolle Grundschule mit netten Lehrern.

Vor allem hatte ich Levi. Ich mochte ihn, war sogar in ihn verliebt. Er zum Glück auch in mich, sonst wäre es schon peinlich geworden. Aber das wurde es nicht. Ich liebte ihn, obwohl ich damals vielleicht noch gar nicht so genau wusste, was das überhaupt bedeutet. Ich liebte ihn einfach. Heute ist alles anders. Wir gehen immer noch in dieselbe Klasse, in die 10c, aber ich hasse es. Er hat sich so verändert. Früher war er mal nett und unglaublich süß und jetzt einfach nur noch mit einem Wort zu beschreiben. Widerlich. Er macht sich über alles und jeden lustig, was total nervig ist. Ich fragte mich, wie ich ihn nur jemals mögen konnte.

„Wir müssen jetzt aussteigen", sagte Nelly und zog an meinem Arm.

Ich war mal wieder so in Gedanken versunken. So dumm. So sinnlos. So typisch ich.

Ich hörte die Schulglocke klingeln. Am liebsten hätte ich sie abgerissen und wäre zehnmal draufgetreten. Es war nämlich Zeit für den Sportunterricht. Völkerball stand heute auf dem Plan. Ich strenge mich nie so richtig an. Ist ja bloß Sportunterricht mit Herr Tenim. Anders als meine Freundin Sabrina. Sie ist ziemlich sportverrückt und kann besonders gut Werfen und Fangen. Ich scheitere meistens schon daran, während ihr Problem beim Zielen liegt.

„Alle auf ihre Position", brüllte Herr Tenim. „Mohammed beachte doch mal die Spielregeln! Wir sind hier nicht im Kindergarten. Los geht's." Er pfiff in seine Trillerpfeife.

Wie gesagt. Meiner Meinung nach ist er dumm und hat seinen Beruf verfehlt.

Es ging los. Die gegnerische Mannschaft hatte den Ball. Levi hatte den Ball. Er warf und versuchte natürlich jemanden zu treffen. Leider gelang ihm das auch. Ich hatte mich mal wieder in seinen braunen Augen verloren. Mal wieder. Manchmal verstehe ich mich selbst nicht und mein Handeln schien nicht unerkannt zu bleiben.

„Was los mit dir?", fragte Levi und sah dabei in meine Richtung. Sonst bist du nicht so leicht zu treffen. Wenn du nicht mal ausweichen kannst, was kannst du dann?" Er fing laut an zu lachen und unsere Mitschüler lachten kurz darauf ebenfalls. Sogar Herr Tenim konnte es sich nicht verkneifen. Überrascht hat mich das allerdings nicht.

„So weiter geht's", brüllte er und benutzte erneut seine Trillerpfeife.

Ich stand einfach nur da. Traurig und gedemütigt. Warum tut er mir nur so etwas an?

Dann bekam Sabrina den Ball. Sie warf diesen zu Milan und der warf Laura ab. Das Spiel interessierte mich aber nicht. Das tat es nie und heute sogar noch weniger. Ich war froh als es vorbei war.

Herr Tenim wollte uns noch etwas mitteilen: „Diesen Freitag werden wir in das nahe gelegenste Schwimmbad fahren. Denkt daran, dass eure Schwimmnote einen großen Teil eurer Gesamtnote ausmachen wird."

Man konnte die Unzufriedenheit meiner Mitschüler deutlich spüren. Besonders die Mädchen waren nicht begeistert.

„In welches Schwimmbad fahren wir?", fragte Tyler gut gelaunt.

Unser Sportlehrer grinste und sagte: „Geht euch umziehen."

So gingen wir also in die Umkleidekabinen. Ich finde sie immer ziemlich eng. Das stört mich aber nicht. Die Hauptsache ist, dass man sich umziehen kann. Wenigstens hatten wir jetzt frei. Ich freute mich auf Zuhause. Besonders auf meine Lou. Hunde sind und bleiben eben die besten Freunde des Menschen. Mein Vater müsste sie zwischendurch nach Hause gebracht haben und dann wieder zur Arbeit gefahren sein. Wir hatten mal eine Katze. Sie wurde überfahren. Ich bin mir sicher, dass ich sehr viel trauriger sein würde, wenn Lou so etwas widerfahren würde. Ich liebe sie nämlich sehr.

Auf der Busfahrt nach Hause war Nelly nicht da. Ich schätzte sie hatte früher Schluss und war enttäuscht. Ich hätte jemanden zum Reden gebraucht und sie ist eine tolle Zuhörerin. Sie schafft es immer mich zu trösten. Was würde ich bloß manchmal ohne sie machen?

Dieses Mal hatte ich keine Lust aus dem Fenster zu schauen. Ich wollte nicht an Levi denken. Nicht an den Sportunterricht. Ich wollte einfach nur weg sein. Oder wenigstens in einer anderen Welt leben. Ich habe viele Bücher darüber. Sie gehen zwar meistens so aus, dass es alles nicht besser machen würde, aber ich glaubte trotzdem daran. Ich glaubte daran, dass alles gut wird. Dass ich ihn vergessen werde. Meistens habe ich Hoffnung. Aber zu hoffen ist dumm. Einfach nur dumm. Zu glauben, dass alles sich von allein bessern würde. Denn das tut es nicht. Du allein entscheidest was passiert.

Fast hätte ich meine Haltestelle verpasst. Aber eben nur fast. Ich stieg aus dem Bus, ging zu unserer Haustür und klingelte.

Meine Mutter öffnete und fragte: „Hast du nicht einen Schlüssel?"

„Vergessen", antwortete ich und stellte meine Schultasche ab. „Wo ist Lou?", wollte ich von ihr wissen.

„Im Garten."

Ich nickte und ging durchs Wohnzimmer zur Terrassentür. Obwohl es schon Winter war und somit ziemlich kühl, verbringt Lou am Liebsten ihre Zeit draußen. So war sie schon als Welpe. Sie ist ja auch ein reinrassiger Husky. Ich wollte Lou in den Arm nehmen.

Ich weiß zwar, dass ich mit meiner Mutter über fast alles reden kann, aber über so etwas nicht. Lou begrüßte mich mit einem Schwanzwedeln und ich beugte mich zu ihr hinunter.

„Na wollen wir Spazierengehen?"

Also sagte ich kurz meiner Mutter Bescheid und machte mich auf den Weg. Ich liebe das Spazierengehen. Es kann manchmal so befreiend sein. Außerdem tut mir die Bewegung gut. Der Tag ist mal wieder scheiße gelaufen. Wie soll ich Levi vergessen, wenn ich ihn jeden Tag sehen muss? Wenn ich seine hübschen Augen jeden Tag vor meinen habe? Ob er wohl schon vergeben ist? Jetzt merkte ich wie ich anfangen musste zu lächeln.

Plötzlich hörte ich Lou bellen. Das galt bestimmt der fetten Krähe am Straßenrand. Als wir ihr zu nahekamen, flog sie mit schnellen Flügelschlägen davon. Ich fragte mich, wie es wohl ist, zu fliegen. Ist bestimmt ein unglaubliches Gefühl. Einfach dorthin zu fliegen, wo es einem am besten gefällt. Ein sorgenfreies Leben zu führen.

Als ich wieder Zuhause ankam, hörte ich meinen Bruder schreien. Obwohl er bereits zwei Jahre alt ist. Hoffentlich wird er schnell älter. Das ewige Geschrei raubt einem die Nerven.

Ich ging die Treppe rauf auf mein Zimmer und schaute auf mein Handy. Echt eine Menge neuer Nachrichten. Und dann stockte mir beim Lesen der Atem. Er hatte mir geschrieben. „Was haben wir heute als Hausaufgabe auf", stand da auf meinem Display. Ich musste die Worte mehrmals lesen, bis ich mir sicher war, dass ich nicht fantasierte.

Tausend Fragen schossen mir durch den Kopf. Wieso schreibt Milan mir? Ausgerechnet mir. Er hätte auch Mohammed, Tyler oder Levi fragen können. Oder Amelie. Die wichtigste Frage war jetzt aber, was ich ihm antworten sollte. Soll ich es ihm sagen oder nicht. Wir sind keine Freunde. Das spielt hierbei auch keine Rolle, dachte ich mir. Er fragt nett, also soll er auch eine vernünftige Antwort bekommen.

Einen kurzen Moment glaubte ich, dass wir keine Hausaufgaben zu erledigen haben. Dann fiel mir ein, dass Frau Kornmann uns doch etwas aufgegeben hatte. Wir sollten auf Seite 133 die Aufgabe 4 bearbeiten. Ich tippte die Antwort schnell ein, damit er nicht zu lange warten muss. Dann drückte ich auf „senden". Ich war mir nicht ganz sicher, ob ich das hätte tun sollen, aber getan ist getan.

Am Abend ging ich in die Küche, um mir etwas zu Essen zu holen.

Mein Vater saß auch in der Küche. „Wie war dein Tag?", fragte er mich während ich den Kühlschrank öffnete.

Ich antwortete „Bestens", obwohl ich wusste, dass ich log. Ich hatte zwar schon viele peinliche Situationen in der Schule zu bewältigen, aber diese kommt sicher unter die top Five.

„Schön, dass wenigstens dein Tag gut verlief, gab er mit trauriger Stimme zurück. Meiner ließ zu wünschen übrig."

„Was ist denn passiert, fragte ich ihn und versuchte währenddessen so fröhlich wie möglich zu klingen.

Er sah mich an und antwortete: „Ich weiß nicht, wie es gelaufen ist. Lou war echt aufgeregt und es dauerte eine Ewigkeit, bis sie das machte, was von ihr verlangt wurde. Ich hoffe, dass der Werbespot dem Chef gefällt und ich meinen Job behalten kann. Es wird heutzutage immer schwieriger einen zu finden."

„Da hast du vermutlich recht. Es wird schon alles gut werden", versuchte ich ihn zu beruhigen.

„Diesmal muss ich dir Recht geben. Ich mache mir mal wieder viel zu viele Gedanken. Ich werde jetzt lieber schlafen gehen. Ich kann mir keine Verspätungen leisten."

„Okay, gute Nacht", antwortete ich und wollte mit meinem Brot in der Hand hochgehen.

„Bleib nicht zu lange wach", ermahnte er mich bevor er die Küche verließ.

Ich ging die Treppe rauf in mein Zimmer und musste dabei feststellen, dass die Wurst zum Kotzen schmeckte. Egal. Nun schaute ich neugierig auf mein Handy. Ob Milan wohl geantwortet hat? Ich könnte mir ein „Danke" oder so etwas in der Art vorstellen. Doch was war das? Da stand nicht, dass Milan mir geschrieben hat. Da stand, dass ich eine neue Nachricht von Levi bekommen habe.

Plötzlich spürte ich gar nichts mehr. Nur mein Herz. Wie es laut klopfte. Es kam mir so vor, als würde das Klopfen mit jedem Schlag lauter werden. Ich musste meine Gedanken erst einmal sortieren. Es dauerte eine Weile, bis ich mich besser fühlte.

Dann entschloss ich mich dazu, die Nachricht zu lesen. Da stand ich also. In meinem Zimmer. Mit meinem Handy in der Hand und las die Nachricht. Erst jetzt wurde mir klar, was hier los war. Ich hatte die Nachricht, die eigentlich für Milan bestimmt war, aus Versehen an Levi geschickt. Wie konnte ich nur mal wieder so dumm sein?

Levis Antwort war merkwürdig, aber durchaus verständlich. Er schickte lediglich ein Fragezeichen. Ich hatte keine Lust ihm zu antworten und meinen Fehler zu erklären. Mit ihm zu sprechen ist sinnlos. So sinnlos, dass das Wort „sinnlos" selbst dagegen sinnlos erscheint.

Jetzt wollte ich schlafen und nie mehr aufwachen. Nie mehr.

Mein Handy klingelte. Ich hatte den Wecker eingestellt, damit ich nicht zu spät komme. Nicht schon wieder. Frau Kornmann droht mir schon länger mit Nachsitzen oder Extraaufgaben. Aber eigentlich interessiert mich das auch herzlich wenig. Trotzdem wollte ich nicht zu spät kommen.

Vielleicht erwische ich noch den Bus. Eigentlich könnte ich auch mit dem Fahrrad fahren, aber es ist schon fast Winter. Ich beeilte mich also mit dem Anziehen. Zum Frühstücken blieb mir mal wieder keine Zeit. Für einen Blick in den Spiegel jedoch immer.

Jetzt noch Haargel und dann bin ich fertig. Ein kurzer Blick aufs Handy. Keine neuen Nachrichten. Wenigstens nervt mich niemand. Meine Eltern sehe ich morgens zum Glück nicht. Kriegen sowieso nichts auf die Reihe. Beide sind berufstätig und trotzdem wohnen wir nur in einer kleinen Wohnung. Meinen Bruder sehe ich gar nicht mehr.

Als ich erneut auf mein Handy schaute, musste ich an Ketha denken. Warum schreibt sie mir, was wir als Hausaufgabe erledigen sollen? Manchmal verstehe ich sie nicht. Das war nicht immer so.

Dann rannte ich zur Bushaltestelle. Ein Glück rechtzeitig. Und was für eine Überraschung. Ketha war auch im Bus. Ich versuchte nicht zu ihr zu gucken, sie nicht zu beachten, aber das fiel mir schon immer schwer. Jetzt ist sie viel hübscher geworden. Damals trug sie noch eine hässliche, abartig große Brille, doch die Zeiten waren jetzt vorbei. Nun könnte man annehmen, sie hätte nie eine getragen. Ich sah, wie sie aus dem Fenster schaute. Wirklich dumm. Es ist sowieso noch fast ganz dunkel.

Wenn ich es mir recht überlegte, war früher alles besser. Weniger Unterricht, der wenigstens noch halbwegs Spaß gemacht hat.

Nun faste ich in meine Hosentasche, um mein Handy rauszuholen. Da bemerkte ich das Feuerzeug, das ebenfalls in meiner Hosentasche lag. Gelegentlich rauche ich eben. Was soll denn schon groß dabei sein? Auf der Hauptschule raucht auch so gut wie jeder.

Als ich mein Handy dann in der Hand hielt, war es schon Zeit auszusteigen. Ich sah wie Ketha schnell ihre Tasche nahm und ausstieg. Warum muss sie bloß immer hetzen? Der Unterricht beginnt erst in 25 Minuten. Ich versuchte so langsam wie möglich zu gehen. Es dauert sowieso lange, bis Mohammed oder Milan kommen.

So blieb mir noch mehr als genug Zeit zum Rauchen. Dazu entfernte ich mich natürlich so weit wie möglich von der Bushaltestelle. Während ich mir eine Zigarette anzündete, bemerkte ich einen älteren Mann, der wie aus dem Nichts plötzlich neben mir stand.

„Haste auch eine für mich?", fragte er mit rauer Stimme.

„Nein, log ich ihn grinsend an, ist die Letzte."

„Schon gut mein Junge, ich verstehe, dass du sie für dich allein haben willst."

„Geh weg du Penner, lass mich in Ruhe, gab ich zur Antwort und machte mich auf den Weg zur Schule. Als ob ich meine Zigaretten teilen würde. Es war schon schwer genug, mir diese zu beschaffen.

Ich kam ins Klassenzimmer. Alle starrten mich an. Ich war wieder zu spät.

Ich musste versuchen mich zu beherrschen. Aber es ging nicht. Mein Grinsen wurde dadurch nur noch breiter.

„Du weißt, wie du heute deinen Nachmittag verbringen wirst."

„Ja", antwortete Levi.

Nachsitzen ist meiner Meinung nach genau das Richtige für ihn. Dafür dankte ich Frau Kornmann. Es war ein Trost für mich. Wenn auch nur ein kleiner. Denn das hat er nach der blöden Bemerkung im Sportunterricht verdient. Ich muss zugeben, dass ich gar nicht wusste, dass er auch im Bus saß. Was hat er die ganze Zeit über bloß gemacht?

Sabrinas Stimme riss mich aus meinen Gedanken.

„Kann ich mit dir in dein Mathebuch schauen, habe meins vergessen."

„Na klar."

Mathe war heute echt schwierig. Seither verstehe ich nur Bahnhof.

„Dann holt mal eure Mathehausaufgaben raus", sagte meine Mathelehrerin.

Spätestens jetzt hörte man die ganze Klasse kramen. Einschließlich mir. Ich schaute in meine Mappe, aber konnte meine Hausaufgaben nirgendwo finden. So ein Mist.

„Sucht euch einen Partner mit dem ihr vergleichen könnt", sagte Frau Kornmann.

Na toll. Ohne Hausaufgaben geht das auch wunderbar. Dann sah ich wie Milan auf mich zukam.

„Hey wollen wir vergleichen?", fragte er mich und lächelte.

„Würde ich ja gerne, aber ich habe meine anscheinend nicht dabei."

Er schaute kurz zu Frau Kornmann und sagte dann: „Ist doch egal. Dann zeige ich dir eben meine Lösungen."

Ich stimmte ihm zu und wir setzten uns nebeneinander.

„Also bei der ersten Gleichung habe ich 4x als Endergebnis."

Ich schaute auf sein Blatt. „Das stimmt glaube ich."

Dann fiel mein Blick auf seine Augen. Zum ersten Mal bemerkte ich, dass sie leuchtend blau sind. So wie der Himmel oder das Meer. So schlecht sieht er auch nicht aus. Eigentlich bevorzuge ich dunkelhaarige Jungs, aber seine dunkelblonden Haare passen zu ihm.

„Warum hast du mir gestern nicht geantwortet?", wollte er von mir wissen.

„Habe ich wohl vergessen. Tut mir echt leid."

„Macht doch nichts", antwortete er trocken.

Ich war froh, dass er nicht sauer geworden ist. Warum sollte er auch. Es gab keinen Grund dafür.

„Na seid ihr fertig mit vergleichen?", fragte plötzlich eine Stimme neben mir.

Diese nervige Stimme gehörte Amelie. Wir verstehen uns eigentlich ganz gut. Freunde sind wir trotzdem nicht. Ich finde sie ein bisschen zu arrogant. Meiner Meinung nach tut einem Menschen ein gewisses Maß an Arroganz gut. Ihre Arroganz scheint jedoch maßlos zu sein.

Nun fing sie an, sich mit Milan zu unterhalten. Ich versuchte nicht zuzuhören. So ganz wollte mir das einfach nicht gelingen. Beim Reden fuhr sie sich mehrmals durch ihre langen, blondierten Haare und lächelte. Viel zu übertrieben. Trotzdem würden sie gut zueinander passen. Das war schon auf unserer letzten Klassenfahrt nicht zu übersehen. In unserer wenigen Freizeit waren die beiden ständig zusammen und haben eine Menge miteinander gelacht.

„Dann lasst uns mal gemeinsam sehen, was ihr für Ergebnisse herausbekommen habt." Frau Kornmann wartete bis die Gespräche eingestellt wurden. „Möchte jemand an die Tafel kommen und seine Lösung vorstellen?"

Ich blickte mich in der Klasse um, doch es meldete sich niemand.

„Niemand? Dann werde ich jetzt jemanden aussuchen." Meine Mathelehrerin ging umher, bis sie bei Mohammeds Platz stehen blieb und ein Stück Kreide auf seinen Tisch legte.

Mohammed schien überrascht, doch er stand auf und kritzelte etwas in seiner fast unlesbaren Schrift an die Tafel. Leider war es die falsche Aufgabe und somit konnte das Ergebnis nur falsch sein.

Ich hörte Levi und Tyler lauthals lachen. Sonst lachte keiner. Was sollte daran auch lustig sein.

Frau Kornmann sagte jetzt mit fester Stimme und wütendem Blick zu Tyler: „Du wirst Levi heute beim Nachsitzen Gesellschaft leisten. Ich werde euch um Punkt zwei Uhr vor dem Lehrerzimmer erwarten. Wagt es auf keinen Fall nicht zu erscheinen."

Ich stellte es mir bildlich vor. Ein dunkles, kleines, verlassenes Klassenzimmer, in welchem zwei Idioten vor einer Menge Strafaufgaben sitzen. So sehr sie sich auch bemühen würden, die Aufgaben würden nicht weniger werden. Wenn sie es wagen würden sich zu unterhalten, würde Frau Kornmann ihnen einen fiesen Blick zuwerfen. Diese Vorstellung machte mich glücklich. Sehr glücklich sogar.

Nach dem Matheunterricht hatten wir noch zwei Stunden Biologie. Die beiden letzten Stunden danach fielen aus. Frau Pollymar war nämlich krank.

Auf dem Weg zur Bushaltestelle fing es an zu schneien. Ich liebe Schneeflocken. Sie erinnern mich an jedes Jahr an das Schneemannbauen und natürlich an Schneeballschlachten. Das hat immer so viel Spaß gemacht. Ich kann mich noch sehr gut an meine erste Schneeballschlacht erinnern. Damals in der zweiten Klasse. Unsere Lehrer hatten uns verboten mit Schneebällen zu werfen. Das ist im Nachhinein schon nachvollziehbar. Es hätten schließlich kleine Steine in den Schneebällen enthalten sein können, die wiederum bei irgendjemandem im Gesicht hätten landen können. Das ist aber nie passiert. Kein einziges Mal wurde uns von einer Verletzung berichtet und ich kann mich auch an keine erinnern. Fast jeder hat Schneebälle geworfen. Da konnten die Lehrer gar nicht so schnell hinterherkommen. Ärger gab es für uns also nie.

Schon von Weitem konnte ich Nellys rote Jacke sehen. Sie hatte ihre Kapuze aufgesetzt und ihre Hände in die Jackentaschen gesteckt. Als ich endlich bei ihr an der Bushaltestelle angekommen war, umarmte sie mich zuerst.

„Wie schön, dass es schneit."

Da musste ich ihr auf jeden Fall zustimmen.

„Hat Milan heute mit dir gesprochen?", fragte sie vorsichtig.

Ich hatte ihr heute Morgen von meinem Fehler berichtet. „Ja das hat er. Er war zum Glück nicht sauer oder so. Er wollte im Matheunterricht sogar mit mir zusammenarbeiten."

Nelly grinste. „Vielleicht wird ja doch noch ein Paar aus euch."

Ich schaute sie verdutzt an. „Nur zwei Worte Nelly, never ever."

Jetzt fing sie an zu lachen. Ich musste also warten, bis sie sich wieder beruhigen würde. Nachdem sie genug gelacht hatte, wurde sie ernst. Todernst. Nelly blickte mir tief in die Augen, legte ihre Hände auf meine Schultern und sagte: „Vergiss ihn. Du musst Levi endlich vergessen. Er hat dich nicht verdient. Du kannst ihm nicht ewig hinterherlaufen." Ich spürte wie sich meine Augen langsam mit Tränen füllten. Sie hat recht. Ich wollte nicht weinen. Nicht vor diesen fremden Menschen. Doch ich musste weinen. Als Nelly meine Traurigkeit bemerkte, nahm sie mich fest in den Arm. Also ließ ich meinen Tränen freien Lauf.

„Es tut mir leid. Ich kann ihn nicht vergessen."

„Ist schon okay, ich wollte dir bloß helfen", sagte Nelly und reichte mir ein Taschentuch."

Endlich kam der Bus. Ich versuchte mir so gut es geht die Tränen aus dem Gesicht zu wischen. Im Bus redete ich kein Wort mit Nelly. Sie keines mit mir. Jeder schien mich anzustarren. Meine Schminke muss wohl verlaufen sein. Ich schloss die Augen und öffnete sie erst wieder, als wir aussteigen musste. Es kam mir wie eine Ewigkeit vor. Eine gottverdammte Ewigkeit.

Zuhause angekommen, setzte ich mich auf mein Bett. Ich war so wütend und traurig zugleich. Ich kann ihn nicht vergessen. Ich muss es aber. Mein Leben könnte wieder schön werden. Ich habe eine Familie, die mich liebt und alles, was ich zum Leben brauche. Ich sollte dankbar sein. Für das, was ich habe. Ich bin es aber nicht. Warum musste ich mich bloß verlieben. Das hat alles zerstört. Das hat mich zerstört.

Dann stand ich auf und schaute aus dem Fenster. Es hatte schon eine ganze Menge geschneit. Schön sah es aus. Mir kamen erneut die Tränen. Wie sollte ich dieses Gefühlschaos bloß beenden?

Aus meiner Wut heraus schlug ich gegen meinen Schrank. So kräftig, wie ich nur konnte. Und noch ein zweites und drittes Mal. Immer wieder auf dieselbe Stelle. Ich spürte keinen Schmerz. Ich fühlte rein gar nichts. War einfach leer.

Plötzlich sah ich wie das Blut nur so von meiner Hand triefte. Ich hörte auf und betrachtete mein blutiges Werk. Meine Hand war geschwollen, von Blut getränkt und begann sich zu verfärben. Jetzt hatte ich ein neues Problem. Ich sackte langsam zu Boden. Keine Ahnung wie lange ich dort so saß.

Irgendwann hörte ich meine Mutter zum Essen rufen. Natürlich bekam sie keine Antwort. Ich hörte es an meiner Zimmertür klopfen.

„Kann ich reinkommen?", fragte meine Mutter.

Wieder antwortete ich nicht.

Sie öffnete die Tür und als sie mich und meine massakrierte Hand sah, kam sie schnell zu mir.

„Oh Gott, was ist los? Was ist passiert? Was machst du bloß schon wieder für Sachen?"

Meine Mutter bombardierte mich mit Fragen. Sie sah unheimlich besorgt und vollkommen aufgelöst aus. Ich wollte ihr antworten, doch ich konnte nicht. Ich bekam keinen einzigen Ton raus.

„Antworte mir, was ist los?" Sie wurde immer hysterischer. Tränen liefen über die Wangen meiner Mutter. Ich nahm sie in den Arm. Dass sie sich Sorgen um mich machte, tat mir gut. Da ist ein Zeichen von Liebe.

„Wir fahren jetzt auf jeden Fall zum Arzt." Sie packte mich unsanft am Arm und half mir aufzustehen. Wir gingen zusammen die Treppe hinunter in die Küche. Mein Vater war noch nicht da. Also holte meine Mutter Oliver, nahm ihn auf den Arm und wir stiegen ins Auto.

Es war bereits zehn nach zwei, als Frau Kornmann endlich vor dem Lehrerzimmer erschien. Zu spät, dachte ich mir. Tyler und ich standen schon seit 20 Minuten vor dem Lehrerzimmer. Noch mal will ich ganz sicher nicht nachsitzen müssen.

„Tut mir leid, dass ich zu spät bin, aber ich hatte noch ein paar Aufgaben für euch zu kopieren."

„Aufgaben?" Tyler wirkte überrascht.

„Ja Aufgaben, was hast du denn erwartet? Folgt mir bitte."

Wir folgten Frau Kornmann ohne Widerworte. Noch mehr Ärger kann ich mir nicht leisten. Der Raum, in den sie uns führte, war sehr klein. Er liegt im Keller und die Luft darin war mehr als stickig. Meine Lehrerin versuchte Tyler und mich möglichst weit auseinander zu setzten. So saß ich in der einen und Tyler in der anderen Ecke des Raumes. Wir bekamen mehrere Arbeitsblätter, auf die ich sowieso keine Lust hatte. Aber wen interessiert das schon. Wenn ich erst einmal anfange zu arbeiten, wird die Zeit schon vergehen. Es waren Matheaufgaben. Zum Glück. Mathe konnte ich schon immer gut und es ist eine der wenigen Sachen dieser Welt, die mir noch etwas Freude bereitet.

Ich fing an zu rechnen. Zwischendurch warf ich so unauffällig wie möglich einen Blick auf Tyler. Er stützte seinen Kopf auf seinem Arm. Er sah ziemlich verzweifelt aus. Der Arme, dachte ich mir und konnte mir ein Grinsen nicht verkneifen. Es verging mir, als Frau Kornmann mir einen wütenden Blick zuwarf. Ihre Blicke fühlen sich immer unangenehm an. Ich rechnete weiter. Die Aufgaben waren nun wirklich nicht schwer.

Um 16 Uhr durften wir dann endlich gehen. Frau Kornmann lobte mich sogar, weil ich fast alle Aufgaben fehlerfrei gelöst hatte. Tyler muss die Gleichungen jedoch als Hausaufgabe beenden.

Ich musste mit dem Bus nach Hause fahren. Bevor ich in den Bus einsteigen wollte, griff ich in meine Hosentaschen. Da war kein Geld drin. Nur mein Feuerzeug. Wie sollte ich denn jetzt bezahlen? Der Bus öffnete vorne und hinten die Türen. Während der Busfahrer vorne die Fahrkarten ausstellte, stieg ich schnell hinten ein. Ich setzte mich in den hinteren Teil des Busses. Dort saß nämlich niemand. Der Busfahrer schien mich nicht bemerkt zu haben. Das war eine große Erleichterung. Mein Vater würde mich diesmal umbringen. Ich wurde schon mehrfach beim Schwarzfahren erwischt. Seine Drohung war beim letzten Mal mehr als deutlich gewesen. Ich schaute aus dem Fenster. Wieso muss mein Leben bloß so verdammt scheiße sein.

An der nächsten Haltestelle stieg ein Mann ein. Er war klein und hatte einen ziemlich dicken Bierbauch. Seine Haare waren genau wie sein Bart grau und er trug eine runde Brille. Was mir sofort auffiel, war seine rotkarierte Krawatte. Die sah echt dämlich aus. In der rechten Hand hielt er ein kleines, schwarzes Buch. Der Busfahrer begrüßte ihn freundlich. Sie schienen sich bereits zu kennen.

Doch dann begann der Albtraum. Der dicke Mann forderte jeden Fahrgast auf, ihm seinen Fahrschein zu zeigen. Ich beobachtete, wie er jedem Fahrgast freundlich zulächelte. Irgendwann war er mit dem vorderen Teil des Busses fertig und kam zu mir. Als er plötzlich neben mir stand, spürte ich seinen Raucheratem auf meinem Gesicht.

„Den Fahrschein bitte."

Mundgeruch hatte er übrigens auch.

Ich schaute ihm direkt in die Augen und sagte: „Habe keinen."

Der Kontrolleur schob seine Brille weiter auf die Nase, zückte seinen Kugelschreiber und schlug das Buch auf.

„Dann sag mir einmal deinen Namen und deine Anschrift."

Ich überlegte. Ich könnte einfach einen falschen Namen sagen. Doch das würde früher oder später noch mehr Ärger geben.

Ich strich über meine dunkelbraunen Haare und antwortete: „Levi Ziegler. Feldstraße 58."

Er sah mich kurz an und kritzelte dann etwas in sein Buch. Nachdem er fertig war, riss er den Zettel raus und reichte ihn mir rüber.

„Den gibst du bitte deinen Eltern. Sie werden noch von mir hören."

Dann drehte er sich um und ging zu einem Sitzplatz. Es sah so aus, als wollte er sich hinsetzten, doch er entschied sich anders und kam noch einmal zu mir.

„Hätte ich fast vergessen. Wie heißen deine Eltern?"

Ich verdrehte die Augen. Der ist ja wirklich so dämlich wie er aussieht.

„Wenn sie es unbedingt wissen müssen, Monika und Timon Ziegler."

Als meine Haltestelle kam, wäre ich am liebsten weitergefahren. Weitergefahren und niemals zurückgekommen. Nie wieder. Doch ich stieg aus. Die frische Luft tat mir gut. Nun stand ich vor unserem Haus. Eigentlich gehört es gar nicht uns. Meine Eltern mieten die Wohnung im Erdgeschoss. Über uns wohnt ein älteres Ehepaar, das uns nicht leiden kann. Wir sie erst recht nicht. Da ich einen Schlüssel habe, schloss ich die Haustür auf. Da kam mir meine Mutter entgegen. Normalerweise wäre sie noch auf der Arbeit.

„Hallo Levi, ich habe dir etwas gekocht, steht in der Küche." Wow. Eigentlich hatte ich gar keinen Hunger. Ich bekomme aber nicht oft etwas Warmes zu essen, weshalb ich beschloss die Gelegenheit zu nutzen. Mal sehen was sie für mich gekocht hat. Ich war erleichtert, dass meine Mutter nicht nach dem Strafzettel in meiner Hand fragte.

„Ich fahre jetzt wieder zur Arbeit, brüllte sie und verließ die Wohnung. Warum brüllte sie bloß? Außer mir war doch niemand hier. Doch dann wusste ich warum. Mein Vater kam aus der Küche und ihm entging der Strafzettel natürlich nicht.

„Willst du deinen Alten denn gar nicht begrüßen?" Dann fiel sein Blick auf den Zettel. „Was hältst du denn da in der Hand?"

Ich wollte nicht, dass mein Vater ihn sah. Er war schnell und riss mir den Zettel aus der Hand. Er warf einen kurzen Blick drauf und schwieg dann für eine Weile.

Plötzlich trat er gegen unseren Schuhschrank, der im Flur steht und schrie: „Du willst mich wohl verarschen. Dein wievielter ist das diesen Monat? Dein vierter oder fünfter? Hör auf mein hartverdientes Geld aus dem Fenster zu schmeißen. Nichts kriegst du auf die Reihe. Absolut gar nichts."

Bei diesen Worten konnte ich mich nicht mehr zurückhalten: „Halt deine Klappe! Du bekommst doch selber nichts auf die Reihe. Wir wohnen in einer winzigen, spartanisch eingerichteten Wohnung, obwohl du und Mama arbeiten gehen. Ständig schreist du uns an. Du bist ein elendiger Versager."

Plötzlich spürte ich einen Schlag mitten ins Gesicht. Sofort schoss Blut aus meiner Nase, sodass ich mir beide Hände vor mein Gesicht hielt. Ich hörte, wie mein Vater seine Autoschlüssel nahm und die Haustür hinter sich zuknallte. Er hat mich geschlagen. Mein eigener Vater schlägt mich. Was für ein Leben führe ich eigentlich.

Ich fing an zu weinen. Ich setzte mich auf den Boden und saß dort eine Weile. Inzwischen waren meine Hände und mein Pullover voller Blut. Er hatte mächtig zugeschlagen. Das überraschte mich nicht im Geringsten. Ich wusste, dass es irgendwann dazu kommen würde. Es war nur eine Frage der Zeit. Mir fiel nur eine Lösung ein.

Ich ging in die Küche und holte mir zuerst einmal ein Tuch, dass ich auf meine Nase drückte. Dann öffnete ich den Kühlschrank und holte eine braune Flasche heraus. Eine Bierflasche. Es war etwas schwierig sie zu öffnen. Trotzdem schaffte ich es. Ich trank. Es schmeckte ekelhaft, aber das war mir egal. Ich trank hastig weiter. Das war gefühlt der erste Schritt in mein Verderben. Ich holte mir noch ein paar Flaschen und ging auf mein Zimmer. Die Flaschen abgestellt, durchwühlte ich einen meiner maroden Schränke. Ich fand wonach ich suchte. Ein paar alte Fotos, auf denen ich sechs, sieben oder zehn Jahre alt war.

Nun fiel mir ein altes Foto aus der vierten Klasse entgegen. Ich sah es mir gründlich an. Wie klein wir damals waren. Damals war die Welt noch in bester Ordnung. Ich stand neben Ketha. Ihr Lächeln ließ mich jetzt auch lächeln. Zwischendurch nahm ich immer mal wieder einen Schluck Bier und stellte mir vor, wie es Ketha wohl gerade so geht. Ob sie mich wohl auch vermisst.

Kapitel 2

Gleich war es Zeit für den Schwimmunterricht. Ich konnte zum Glück nicht mitschwimmen. Ich trug einen Verband um meine rechte Hand. Schon den ganzen Tag fragte mich jeder, wirklich jeder, wie ich zu diesem gekommen bin. Ich erzählte jedem, dass ich mich aus Versehen geschnitten hätte. Sobald die mehr Fragen stellten, wechselte ich geschickt das Thema.

Der Arztbesuch war nicht so toll. Ich gehe aber prinzipiell nicht gerne zum Arzt. Als wir ins Wartezimmer kamen, mussten wir feststellen, dass wir sehr lange warten müssen. Es waren so viele Menschen dort. Wir setzten uns auf die beiden letzten freien Stühle. Der Rest war besetzt. Meine Mutter nahm Oliver auf den Arm, der zum Glück ruhig blieb. Zuhause schreit er immer noch ziemlich viel, aber in Gegenwart fremder Menschen ist er immer ganz still. Nach zwei Stunden Wartezeit waren wir endlich an der Reihe. Mir tat vom langen Sitzen alles weh. Ich versuchte es positiv zu sehen. Immerhin lenkte es mich von meiner Hand ab, die jetzt ziemlich schmerzte. Der Arzt schaute sie sich genau an. Dann wollte er wissen, wie ich zu dieser Verletzung gekommen bin.

Meine Mutter ergriff das Wort: „Ich weiß es nicht. Sie wollte es mir nicht sagen. Dabei habe ich gefühlte 100 Mal gefragt."

Doktor Weihland schaute mich einen kurzen Moment an und bat sie, das Zimmer zu verlassen. Er wollte also unter vier Augen mit mir sprechen. Meine Mutter hatte nichts dagegen einzuwenden und ging mit Oliver auf dem Arm zurück ins Wartezimmer.

„So und jetzt erzählst du mir, was passiert ist", sagte der Arzt freundlich.

„Ich möchte nicht, dass meine Mutter es erfährt. Sie würde denken, dass ich vollkommen durchdrehe."

Doktor Weihland legte seine Hand auf meine Schulter und sagte: „Du kannst mir erzählen, was wirklich passiert ist. Vertrau mir einfach. Ich kenne dich seit deiner Geburt."

Der sanfte Klang seiner Stimme beruhigte mich und gab mir das Gefühl, ihm alles anvertrauen zu können.

„Na schön", antwortete ich. „Ich war unheimlich traurig und wütend zugleich. Wahrscheinlich auch verzweifelt. Ich wusste nicht, was ich tun sollte. Ich schlug meine Hand mehrmals gegen den Türgriff von meinem Schrank."

Jetzt lächelte er und wurde kurz darauf wieder ernst. „Ich nehme an, dass du Probleme hast."

Bei dem Wort „Probleme" lief es mir eiskalt den Rücken runter. „Ich habe keine direkten Probleme. Der Tag verlief bloß nicht so gut und ich war wütend. Nur deshalb habe ich so unverantwortlich gehandelt. Ich habe nicht groß nachgedacht. Schon gar nicht über die Folgen."

„Dann brauche ich mir also keine allzu großen Sorgen zu machen. Das freut mich. Denk beim nächsten Mal bitte vorher nach, damit so etwas nicht noch einmal passiert."

Ich versprach ihm so etwas nie wieder zu tun. Eine Arzthelferin cremte mir die Wunde ein und legte mir anschließend den Verband an. Zum Schluss bedankte ich mich bei Doktor Weihland und wir fuhren nach Hause.

Und nun stehe ich mit meiner Klasse und Herr Tenim an der Bushaltestelle. Obwohl ich aufgrund des Verbandes nicht schwimmen kann, muss ich mitfahren. Mir erscheint das nicht sonderlich sinnvoll. Schulregeln sind jedoch Schulregeln.

„Ich habe mir gestern einen neuen Bikini gekauft, erzählte mir Sabrina aufgeregt, ich freue mich total darauf, ihn den Jungs zu präsentieren."

Im Stillen dachte ich mir, dass es mich nicht interessiert, was sie anzieht. Ich blieb trotzdem freundlich: „Das ist ja schön. Da bin ich mal gespannt."

Diese Antwort schien Sabrina glücklich zu machen. Ich schaute zu Milan rüber. Er unterhielt sich mit Mohammed über Fußball. Als er bemerkte, dass ich ihn anschaute, kam er zu mir.

„Schade, dass du nicht mitschwimmen kannst."

„So schlimm ist das gar nicht. Gibt schlimmeres."

Er lachte. Sein Lachen klang so ehrlich. So schön. Ich schien mich in sein Lachen zu verlieben. Im Bus saßen wir nebeneinander. Er berichtete mir von seinem letzten Fußballspiel. Seine Fröhlichkeit war verdammt nochmal ansteckend. Das Gespräch mit ihm tat mir gut. Immer wenn wir lachten, schauten uns unsere Mitschüler komisch an. Besonders Levi. Irgendetwas stimmte heute nicht mit ihm. Er sah so traurig und hilflos aus. Sonst machte er viele Witze und unterhielt sich am besten mit fünf Leuten gleichzeitig. Heute war das nicht der Fall. Heute saß er einfach nur da. Sein Blick war starr und schien ins Leere zu führen. Ich wollte nicht an ihn denken. Ich konnte es nicht lassen mir Sorgen zu machen.

„Weißt du vielleicht, was mit Levi los ist?", flüsterte ich Milan zu, damit es schwieriger ist unserem Gespräch zu folgen.

„Keine Ahnung."

Milan wusste es also auch nicht. Hoffentlich ist nichts Schlimmes passiert.

„Warum interessiert dich das überhaupt?"

Diese Frage traf mich völlig unvorbereitet. Natürlich kenne ich die Antwort genau. Die Wahrheit konnte ich ihm aber nicht sagen. Dass ich noch in ihn verliebt bin. Dass ich so gut wie jede Sekunde an ihn denken muss und einfach nicht über ihn hinwegkomme. Ich versuchte das Thema zu wechseln. „Wie findest du eigentlich Amelie?"

Milan lachte schelmisch. „Sie ist ganz okay, aber ich bin nicht in sie verliebt, falls du das denkst."

Jetzt rückte er etwas näher an mich heran, sodass er mir etwas ins Ohr flüstern konnte: „Ich habe mich in ein anderes Mädchen verliebt."

Dann schaute er aus dem Fenster und sagte kein Wort mehr. Nicht eins. Die restliche Busfahrt schwiegen wir uns also an. Ich war froh als Hr. Tenim sagte, dass wir aussteigen müssen. Zu meiner Überraschung wollte Milan meine Tasche tragen. Sein Argument bestand darin, dass ich meine verbundene Hand besser schonen sollte. Ich wollte nicht, dass er das für mich macht, aber er ließ sich nicht davon abbringen. Also trug er meine Tasche.

Schon im Eingang des Schwimmbades kam mir ein penetranter Chlorgeruch entgegen. So muss es sein. Irgendwie hatte ich jetzt doch Lust zu schwimmen. Ausnahmsweise beneidete ich meine Mitschüler. Es dauerte eine Weile, bis alle sich umgezogen hatten. Ich hingegen war schnell fertig. Ich zog ein Top und meine Sporthose an. Sportschuhe sind in Schwimmbädern nicht erlaubt. Bademeister und Personal dürfen dennoch welche tragen. Wie immer ein Verbot, das nur für Besucher gilt. Mir verging die Lust zu schwimmen, als Herr Tenim sagte, dass wir auf Zeit schwimmen sollen. Alle außer mir natürlich. Er brachte zwei Stoppuhren und seine Trillerpfeife mit. Ohne die wäre er eben nicht Herr Tenim. Dann schwangen sich alle ins Wasser. Sabrina hatte absolut Recht. Sie machte in ihrem neuen Bikini eine schöne Figur. Bevor Milan jedoch ins Wasser sprang, winkte er mir zu. Dann verschwand er im Wasser. Er ist echt ein toller Junge. Vielleicht muss ich meiner besten Freundin Nelly rechtgeben und wir würden doch ganz gut zusammenpassen. Milan war der schnellste Schwimmer und somit als erstes fertig. Wieder einmal in Gedanken versunken bemerkte ich nicht, wie er sich mir von hinten näherte und mich in den Arm nahm. Er war klitschnass und ich jetzt auch. Das machte mir nichts aus. Ich lachte und unsere Mitschüler mit uns. Jeder außer Levi und Herr Tenim, der wohl gerade ein Problem mit seiner Stoppuhr hatte. Tyler zeigte ihm, dass er die ganze Zeit auf den falschen Knopf gedrückt hatte und jeder noch einmal schwimmen muss. Unser Sportlehrer grinste, entschuldigte sich und pfiff in seine Trillerpfeife, um das Signal zum Start zu geben. Besonders Laura regte sich auf, weil sie nicht so viel Ausdauer hat. Das nütze ihr aber auch nichts. Sie musste trotzdem schwimmen.

Endlich war der Schwimmunterricht zu Ende. Ich hatte wirklich keine Lust mehr. Herr Tenim ist wirklich der bescheuertste Sportlehrer dieser Welt. Er kann weder guten Unterricht geben, noch mit Technik umgehen. Eine Stoppuhr zu bedienen gehört zu den einfachsten Dingen dieser Welt. Ich hatte unheimlich Kopfschmerzen und mir war übel. Muss an dem Alkohol liegen, die ich gestern getrunken hatte. Es war nicht das erste Mal, dass ich Alkohol zu mir nahm. Es war das erste Mal, dass ich eine so große Menge auf einmal konsumiert hatte. Pech für mich. Wenigstens hatte ich es geschafft zur Schule zu kommen und zu schwimmen. Mit meinem Vater wechselte ich kein einziges Wort mehr. Er kann mich mal. Ich bin ohne ihn besser dran. Viel besser.

Auf der Busfahrt zurück bemerkte ich, dass Milan und Ketha schon wieder nebeneinandersaßen. Beide lachten und unterhielten sich angeregt. Sie sah wirklich glücklich aus. Wie sollte ich bei ihr auch jemals eine Chance bekommen? Sie hat etwas viel Besseres verdient. Sie hätte sich aber nicht unbedingt Milan aussuchen müssen. Schließlich gehört er zu meinen besten Kumpeln. Ich kann ihr aber nicht böse sein. Zwischen uns läuft nichts. Wir sind keine Freunde. Bloß zwei Jugendliche, die seit vielen Jahren in dieselbe Klasse gehen. Nichts weiter. Ihr Lachen heiterte mich etwas auf. Das tat es immer. Ich liebe sie mehr als mich selbst und das wird sich niemals ändern. Wenn ich mich über sie lustig mache, meine ich es nicht ernst. Ich bin eben ein Junge. Sie sollte mich kennen.

Als ich aufwachte, war es bereits hell. Ich stand auf und streckte mich. Meiner Hand ging es wieder besser, sodass ich den Verband gestern Abend schon wieder abnehmen konnte. Dann schaute ich aus dem Fenster. Es schneite. Heute ist Samstag und somit der schönste Tag der Woche. Wochenende. Ich habe noch nichts Konkretes für heute oder morgen geplant. Ich werde mich einfach überraschen lassen. Zuerst ging ich duschen und machte mich zurecht. Danach lief ich in die Küche. Zu meiner Überraschung sah ich, dass mein Vater einen Anzug trägt. Das war schon seltsam. Heute muss er doch gar nicht arbeiten.

„Guten Morgen", begrüßte er mich freundlich und nahm einen Bissen von seinem Croissant.

Seine gute Laune machte mir etwas Angst. „Gibt es für deine gute Laune einen Grund?", fragte ich ihn und setzte mich an den Tisch.

„Allerdings gibt es den. Wir drehen heute noch einmal den Werbespot und dürfen sogar die Hauptrollen darin spielen. Mein Boss ist von meinen Ideen begeistert. Wenn heute alles glattgeht, werde ich vielleicht befördert."

Er klang seit langem mal wieder glücklich. In letzter Zeit hatte er ziemlich viel Stress.

„Wen genau meinst du mit „wir"?"

Mein Vater sah mich lachend an und sagte: „Ich meine Lou, dich und mich."

Mit dieser Antwort hatte ich nicht gerechnet. Ich konnte es kaum fassen. Heute scheint ein guter Tag zu werden. Genau das brauche ich. Ablenkung. Er ist echt der Beste.

„Wir fahren gleich los. Hast du alles, was du brauchst?"

Ich überlegte kurz. Mein Handy sollte ich unbedingt mitnehmen. Ich rannte in mein Zimmer und holte es. Währenddessen legte mein Vater Lou Halsband und Leine an.

Wir stiegen kurz darauf ins Auto. Lou musste selbstverständlich in den Kofferraum. Die Autofahrt dauerte ziemlich lange. Für mich war es zuerst unerklärlich, wie mein Vater diese lange Fahrzeit jeden Morgen und Abend auf sich nehmen konnte. Er tat es für uns. Damit wir alles haben, was wir zum Leben brauchen. Das Leben ist nie einfach. Es ist einfach ungerecht. Bei dem Thema „Unrecht" musste ich an Levi denken. Ob ich wollte oder nicht. Es ist verdammt ungerecht, dass wir niemals zusammen sein können. Dass er mich nicht lieben kann, sowie ich ihn liebe. Ich schien verflucht. Das Schicksal möchte es so. Es möchte, dass ich mich jeden Tag nach ihm sehne. Es will mich leiden sehen. Sehen, wie ich darum bettle, dass es aufhört und ich schließlich an meinen Bitten ersticke. Die einen kriegen Todeskrankheiten und die anderen kann man irgendwann einweisen lassen. So schlimm wird es hoffentlich nicht.

„Wir sind gleich da, sagte mein Vater während er bereits einen Parkplatz suchte.

Dann stiegen wir aus dem Auto. Ich öffnete kurzerhand den Kofferraum und Lou sprang mir sofort entgegen. Sie hatte sich dem Anschein nach bereits an die Autofahrt gewöhnt. Mir war ziemlich kalt. Wir mussten zum Glück nicht weit gehen bis wir das Gebäude erreichten. Das Gebäude war ziemlich groß und sah sehr modern aus. Auffallend ist das riesengroße Schild mit der Aufschrift „DogSmile, nur das Beste für Tier und Halter" Meiner Meinung nach ein aufdringlicher Werbeslogan.

Als wir eintraten wurden wir sofort von einem Mann begrüßt. Er trug genau wie mein Vater einen Anzug. Außerdem hatte er blondiertes Haar und ein unheimlich breites Grinsen. So ein Gruseliges hatte ich noch nie zuvor gesehen.

„Guten Morgen, Herr Fasmier. Ich hoffe der Verkehr war nicht allzu schlimm heute."

Er schüttelte zuerst meinem Vater die Hand und danach mir. Seine Hand war unerwartet weich. Als Inhaber dieser Firma kann er sich bestimmt viele Pflegeprodukte leisten.

Ich bemerkte wie mein Vater antworten wollte, doch er wurde von seinem Boss gekonnt unterbrochen: „Schön, dass ihr hier seid, hob dieser an, wir sollten auch direkt anfangen. Zeit ist bekanntlich Geld. Mein Geld."

Er winkte seine Assistentin zu uns rüber: „Mach diese kleine Lady fertig für den Dreh, sagte er und ging mit meinem Vater und Lou in einen anderen Raum.

Jetzt verstand ich, warum er so gestresst ist. Diesen Mann hält man ja keine fünf Minuten aus. Was soll's. Das hier ist eine einmalige Gelegenheit für mich ins Fernsehen zu kommen. „Du kannst mich Pamela nennen", sagte die junge Frau zu mir und bat mich, vor einem Schminktisch Platz zu nehmen.

Ich fühlte mich wie eine kleine Berühmtheit. Das war ein aufregendes Gefühl. Es übertönte sogar meine Nervosität. Man merkte sofort, dass Pamela etwas von ihrem Job versteht. Nachdem sie mit dem Schminken fertig war, erkannte ich mich selbst kaum wieder. Ich sah schön und trotzdem natürlich aus. Nicht verwandelt oder total verändert, sowie das bei vielen Prominenten der Fall ist.

„Gefällt es dir?"

„Oh ja, antwortete ich, so gut geschminkt war ich, glaube ich, noch nie."

Dann kamen mein Vater und sein Chef zu uns. „Bist du fertig?", fragte er aufgeregt, „Lou wird zurzeit noch ihr Fell gebürstet."

Ich nickte. Nun ergriff mein Vater das Wort: „Ich danke ihnen vielmals Herr Blond. Insbesondere dafür, dass sie mir eine zweite Chance geben. Der erste Dreh ging mächtig in die Hose und war somit ein totaler Flop. Ich rechnete bereits mit einer Kündigung."

Herr Blond klopfte meinem Vater auf die Schulter: „Natürlich bekommen Sie eine zweite Chance. Sie arbeiten noch nicht lange für meine Firma, aber Sie sind sehr zuverlässig und vor allem pünktlich. Außerdem ist das der erste Werbespot, in welchem sie mitspielen. Beim ersten Mal geht nie alles glatt. Die Idee, ihre Tochter mitspielen zu lassen, ist großartig. Ich habe dafür das Drehbuch umschreiben lassen." Mein Vater sah zufrieden aus. Pamela gab uns nun das Drehbuch. Es war recht kurz, aber es ist auch nur für eine kurze Werbung. Ich schlug es auf und las. Es bestand aus zwei Szenen. In der ersten sollen mein Vater und ich mit Lou draußen im Schnee spielen. In der zweiten Szene sollen wir Lou in einer Küche mit einer Dose DogSmile füttern. Ich bemerkte, dass ich mit dem Lesen schneller fertig war als mein Vater. Jetzt überkam mich doch die Angst. Ob ich das auch schaffen würde.

„So wir drehen zuerst die erste Szene. Zieht euch eine dicke Jacke, Winterstiefel, Schal und Mütze an. Sobald ihr fertig seid, folgt mir bitte."

Herr Blond schien eine genaue Vorstellung zu haben. Hoffentlich enttäuschen wir ihn nicht. Draußen angekommen, schneite es wie verrückt. Dem Chef schien das zu imponieren. Es stand dort ein komplettes Kamerateam. Bereits drehbereit. Mein Vater und ich wussten, was wir zu tun haben. Bevor wir anfingen, sagte uns Herr Blond, dass es unbedingt natürlich aussehen soll. Wir nahmen seine Worte zur Kenntnis und dann ging es los. Wir veranstalteten eine kindische Schneeballschlacht. Lou wurde von der Leine gelassen und tollte im Schnee herum. War das ein Spaß. Sie bellte uns voller Aufregung an. Ich versuchte mich nicht davon ablenken zu lassen.

„Und fertig, rief Herr Blond, ihr ward klasse. Die Szene muss nicht noch einmal gedreht werden."

Dann gingen wir wieder in die Firma. Pamela machte mir einen heißen Kakao und mein Vater bekam einen heißen Kaffee. Wir hatten etwas Pause während noch einige Vorbereitungen getroffen wurden.

Plötzlich glaubte ich mein Handy klingeln zu hören. Ich war mir nicht sicher, ob ich mich nicht täuschte. Getäuscht habe ich mich jedoch nicht und nahm gespannt ab. Ich erkannte sofort Milans liebliche Stimme.

„Hallo Ketha. Vielleicht kommt dir das jetzt etwas komisch vor, aber ich wollte dich fragen, ob du morgen mit mir ins Kino gehen würdest."

Er klang total verunsichert und nervös. Durchaus nachvollziehbar. Einen Moment lang dachte ich nach. Ich mag ihn. Freundschaftlich. Ob er das wohl auch so sieht? Natürlich nicht. Denk nach Ketha! Er hatte mir gestanden, dass er in mich verliebt ist.

„Ja natürlich", antwortete ich sanft.

„Toll", sagte er und klang nicht mehr ganz so nervös. „Ich hole dich dann morgen Abend gegen acht ab."

So beendete er das Gespräch. Wenn wir im Kino sind, werde ich ihm sagen, dass wir nur Freunde sind. Nicht mehr und nicht weniger. Das wird er hoffentlich verstehen.

Die nächste Szene war deutlich anstrengender. Wir brauchten gefühlte 100 Versuche bis alles Herr Blonds Vorstellungen entsprach. Dieser Mann ist ein verdammter Perfektionist.

Auf der Rückfahrt nach Hause lobte mein Vater mich. Es war schön etwas Zeit mit ihm zu verbringen. Ihn mal glücklich zu sehen. Bis der Werbespot im Fernsehen ausgestrahlt wird, kann es noch Wochen dauern. Das machte mir nichts aus. Ich bin es gewohnt zu warten.

Zuhause angekommen, schloss ich die Haustür auf. Ich hörte eine mir vertraute Stimme.
Sofort kam er auf mich zu und nahm mich in den Arm. „Wie geht es dir?", fragte er.
„Sehr gut. Ich war gerade mit Papa auf der Arbeit. Wir werden in ein paar Wochen im Fernsehen zu sehen sein."
Leon guckte überrascht. Dann kam meine Mutter zur Tür herein. Sie kam ebenfalls von der Arbeit und holt Oliver danach immer von unserer Nachbarin ab. Sie passt regelmäßig auf ihn auf. Meine Mutter schaute Leon an. Ihr Blick war lieblos und teilweise voller Hass. Daran ist sie noch nicht einmal schuld. Die Schuld trägt ganz allein mein Vater. Alles begann vor Jahren. Meine Eltern waren frisch verliebt und verheiratet. Meine Mutter betonte, als sie mir dies erzählte, immer wieder wie glücklich sie war. Doch dann erfuhr sie etwas, dass ihr Leben für immer verändern sollte. Mein Vater ging ihr fremd. Mit einer Frau namens Sarah Young. Meine Mutter war natürlich enttäuscht und zutiefst verletzt, aber es war nur ein einziges Mal. Es war ein einziger Fehler. Mein Vater war betrunken. Alkohol zerstört mehr als wertvolle Gehirnzellen. Meine Mutter wollte sich ihr Glück nicht zerstören lassen. Nicht von einem menschlichen Fehler. Sie verzieh meinem Vater. Ihre Liebe war stärker als ihre Fehler. Meine Mutter versucht so nett wie möglich zu Leon zu sein. Er scheint sie jedoch immer wieder an diesen Fehler zu erinnern und ihren alten Schmerz immer wieder aufs Neue zu erneuern. Leon und ich verstehen

uns sehr gut. Es stört mich nicht, dass er nur mein Halbbruder ist. Für mich spielen Gene und Blutsverwandtschaft, wenn überhaupt, nur eine kleine Nebenrolle.

„Papa und ich fahren gleich noch einmal zu Gerda", sagte meine Mutter.

„Nehmt ihr Oliver mit?", fragte ich schmunzelnd.

„Ja machen wir. Thorsten, du kannst deine Schuhe gleich anbehalten, sagte meine Mutter und wollte mit Oliver in Richtung Tür gehen. Mein Vater nickte und sie verließen uns. „Dann machen wir uns heute einen schönen Abend", meinte Leon und zwinkerte mir zu.

Ich bin echt froh, dass unser Verhältnis zueinander so gut ist.

„Lass uns doch etwas Musik hören."

Ich öffnete die Schublade, in der meine Eltern ihre alten CDs aufbewahren. Wollen wir doch mal sehen ob die noch funktionieren. Mir sprang sofort eine CD ins Auge, auf deren Hülle Tiere abgebildet sind. Auch Leon begutachtete sie: „Ich nehme doch mal stark an, dass das keine schlechte Fälschung vom Dschungelbuch ist", meinte er trocken.

Jetzt mussten wir beide lachen. Ich legte die CD ein und es ertönte eine Mischung aus Urwaldgeräuschen und einer schrecklich lauten E-Gitarre. Das ist ja furchtbar, dachte ich. Doch meinen Bruder schien das nicht zu stören. Er bewegte seinen Körper rhythmisch zur Musik und ich überlegte, wo er das nur gelernt haben konnte. Vermutlich kannte er die Antwort selbst nicht. Leon machte eine Drehung, bewegte sich auf mich zu während er meine Hände nahm und mich mitriss. Zuerst wollte ich mich weigern, doch ich entschied mich dagegen. Ich versuchte den Rhythmus der Musik in mich aufzusaugen. Meinem Körper schien das zu gefallen. Ich ließ Leons Hände los und drehte mich ein paarmal im Kreis. Es war schön sich mal wieder gehen zu lassen. Für einen kurzen Augenblick schloss ich die Augen und atmete tief ein und aus. Ich fühlte mich großartig. Als ich die Augen wieder öffnete, machte mein Bruder gerade den „Roboter". Es sah wirklich lustig aus. Wir tanzten noch eine gute Stunde. Irgendwann hatte Leon genug und machte die Musik aus. „Immer, wenn es am Schönsten ist, soll man aufhören."

Da hatte er wohl recht. Wir setzten uns auf unser gemütliches Sofa.

„Wie geht es eigentlich Oma Gerda?", wollte Leon von mir wissen.

„Ganz gut, glaube ich. Sie hat ihre letzte OP gut überstanden und liegt noch im Krankenhaus."

Leon wirkte erleichtert. „Dann ist ja gut, sagte er.

Wir unterhielten uns noch eine Weile über seine Mutter Sarah, die nun schon wieder einen neuen Freund hat. Der zweite in diesem Monat. Irgendwie tat Leon mir leid und ich wünschte nun doch, dass wir dieselbe Mutter hätten. Das Schicksal war jedoch anderer Meinung, ich machte mich nun auf den Weg ins Bett.

Am nächsten Abend stand ich gefühlte zehn Stunden vor dem Spiegel. Leon und ich hatten den Tag mit einem Serienmarathon vor dem Fernseher verbracht und danach hatte seine Mutter ihn abgeholt. Sie schien ihren Vormittag damit verbracht zu haben stundenlang beim Friseur zu sitzen. Das verrieten ihre frisch blondierten Haare. Nun kämpfte meine Mutter mit dem Reißverschluss meines Kleides.

„So jetzt haben wir es, sagte sie und schien den Kampf gewonnen zu haben.

Erleichtert sah ich in den Spiegel.

„Du siehst toll aus, sagte meine Mutter und gab mir einen Kuss auf die Stirn.

„Bist du sicher, dass das genug Lippenstift ist?", fragte ich leicht verunsichert.

„Ja natürlich, weniger ist mehr."

Da klingelte es auch schon an der Tür. Ich merkte wie die Nervosität langsam in mir aufstieg und meine Hände langsam anfingen zu schwitzen. Worauf hatte ich mich bloß eingelassen. Ich versuchte mich zu beruhigen und atmete tief ein, bevor ich die Tür öffnete. Milan lächelte und sah wirklich verführerisch in seinem blauen Hemd aus, das unglaublich gut zu seinen Augen passte.

„Du siehst toll aus", begrüßte er mich und nahm mich in den Arm.

Mir gefiel der Duft seines Haargels.

„Können wir los?"

Ich holte nur noch schnell meine Jacke und sein Vater fuhr uns zum Kino. Heute war echt eine Menge los.

„Ich habe unsere Kinokarten schon gekauft, meinte Milan. Wir müssen dort entlang."

Was für ein zuvorkommender Junge. Ich lächelte und folgte ihm. Wir hatten das Glück, dass unsere Plätze sich in der Mitte des Saals befanden. Nachdem wir uns gesetzt hatten, fragte er mich, ob ich wohl noch Popcorn bräuchte, aber dieses lehnte ich dankend ab. Nach einer gefühlten Ewigkeit war die Filmvorschau zu Ende und es wurde dunkel. Ich spürte wie jemand meine Hand nahm. Er war einfach nur toll. Dann wurde es hell und der Film begann. Milan schaute freundlich zu mir herüber und ich lächelte zurück. Dann hörte ich wie jemand hinter uns furchtbar mit dem Popcorn knisterte und ich drehte mich um. Ich schaute in ein mir bekanntes Gesicht.

„Läuft doch gut mit euch beiden, kicherte sie und steckte sich eine Menge Popcorn in den Mund.

„Hallo Nelly, begrüßte ich sie und griff in ihre Popcorntüte.

„Das Popcorn hier ist echt der Wahnsinn, meinte sie und sah ziemlich glücklich aus.

Ich nickte und drehte mich wieder um. Milan hatte einen guten Film ausgesucht. Doch leider bekam ich von diesem bloß die Hälfte mit.

„Ihr würdet ein echt süßes Paar abgeben", schwärmte Nelly vor sich hin.

„Könnte ich bitte den Film sehen", entgegnete ich leicht säuerlich.

„Du musst Initiative ergreifen, Ketha. Jetzt wäre ein guter Zeitpunkt für deinen ersten Kuss."

„Ich hatte meinen ersten Kuss aber schon", sagte ich genervt.

„Der zählt meiner Meinung nach aber nicht..."

„Lass mich in Ruhe, brüllte ich Nelly an und bereute es im selben Moment auch schon wieder.

Meiner besten Freundin liefen Tränen über ihr Gesicht und sie schrie: „Warum kannst du nicht auf mich hören?" Sie stürzte aus dem Kino.

Ich wollte ihr nach, aber das konnte ich Milan nicht antun. „Gefällt dir der Film", fragte er mich und seine Augen funkelten. Betrübt bejahte ich seine Frage und legte meinen Kopf auf seine Schulter. Sofort hob ich ihn wieder an, als ich bemerkte, was ich getan hatte.

„Ist schon okay, sagte er und fuhr durch meine langen Haare. „Willst du meine Freundin sein…?", stammelte er vor sich hin.

Von da an war ich wie erstarrt. Ich wusste nur noch einen Ausweg: „Können wir gehen?, fragte ich ihn, mir geht es nicht gut."

Milan sprang sofort auf und wenig später verließen wir das Kino. Es gefiel mir nicht ihn anlügen zu müssen, aber ich wusste nicht, was ich ihm sagen sollte. Mit der Wahrheit habe ich es schließlich nicht so. Also brachte er mich nach Hause und ich entschuldigte mich bei ihm. Er war zum Glück nicht allzu enttäuscht. Er sah eher besorgt aus. Nachdem ich ihm versichert hatte, dass es mir schon besserginge, gab er mir einen Handkuss und ging. Mir wurde klar, dass ich seine Liebe nicht verdiene. Er ist so nett und meint es ernst mit mir. Früher oder später muss ich ihm die Wahrheit sagen. Ich möchte ihn als Freund nicht verlieren.

Kapitel 3

„Hilfe, schrie sie, Hilfe Ketha, ich ertrinke." Ihr Kopf tauchte unter Wasser. Nach kurzer Zeit tauchte er wieder auf. Ich saß einfach nur wie angewurzelt da. Immer wieder hörte ich sie um ihr Leben betteln: „Warum kannst du nicht auf mich hören, schrie sie voller Panik.

„Es tut mir leid, flüsterte ich, es tut mir doch so leid." Endlich wachte ich auf. Schweißgebadet und zitternd lag ich in meinem Bett. Ich schaute auf den Wecker und stellte fest, dass es erst zwei Uhr morgens war und ich noch schlafen könnte. Doch das wollte mir nicht gelingen. Jedes Mal, wenn ich versuchte wieder einzuschlafen, hörte ich ihre Stimme. Diese Schreie, die meinen Körper immer wieder zusammenzucken ließen und mich mit Angst erfüllten. Also machte ich meine Nachttischlampe an, schnappte mir ein Buch und las, bis es Zeit zum Aufstehen war. Dementsprechend müde saß ich am Frühstückstisch. Anscheinend sah man mir das auch an.

„Nicht gut geschlafen?", murmelte meine Mutter während sie die Zeitung aufschlug.

Ich nahm unsere rote Kaffeekanne, schenkte mir eine Tasse ein und antwortete: „Nicht wirklich."

Hoffentlich wird der Kaffee seinen Zweck erfüllen und mich heute am Leben halten. Kaffee trinken tue ich ungefähr seit einem Jahr. Seitdem die Albträume angefangen haben.

„Das ist ja nicht zu fassen", kreischte meine Mutter plötzlich aufgeregt.

So etwas passiert selten.

„Mein Artikel steht auf der Titelseite." Ihre blauen Augen füllten sich mit Tränen und eine Einzige lief über ihre Wange.

„Geht es dir gut?", fragte ich sie leicht besorgt.

Meine Mutter stand auf und gab mir einen Kuss auf die Stirn. „Es geht mir sehr gut. Ich bin überglücklich. Endlich zahlt sich meine harte Arbeit aus."

„Das wurde aber auch mal Zeit, entgegnete ich, du bist eine sehr talentierte Journalistin."

Meine Mutter lächelte. Dann nahm sie ihre Handtasche und sagte: „Ich muss jetzt los. Denk daran. Dass du nach der Schule einen Termin bei Dr. Van Help hast." Ich versicherte ihr, dass ich das nicht vergessen werde und umarmte sie bevor sie ging.

Oliver war anscheinend schon bei unserer Nachbarin. Das verriet die Stille. Kein Geschrei. Wie herrlich. Ich setzte mich wieder an den Tisch und trank meinen Kaffee aus. Dann beschloss ich noch schnell duschen zu gehen. Diese Albträume machen mich fertig. Nachdem ich soweit ausgehefertig war, war es auch schon Zeit zur Bushaltestelle zu gehen. Heute freute ich mich auf den Unterricht. Frau Pollymar wird heute Frau Kornmann vertreten, was bedeutet, dass wir gleich Kunst haben werden. Ein Grund zur äußersten Freude. An der Bushaltestelle hielt ich nach Nellys roter Jacke Ausschau. Jedoch vergeblich. Ich beschloss mich auf jeden Fall bei ihr zu entschuldigen, wenn ich sie das nächste Mal sehe. Ich mag es nicht, wenn so ein lächerlicher Streit zwischen uns steht. Falls das überhaupt als Streit zu bezeichnen war. Das wird schon wieder, redete ich auf mich ein. Nelly wird dir das schon verzeihen.

Die Schulglocke klingelte. Besser wäre es gewesen, wenn ich heute Zuhause geblieben wäre. Das Schlafen fällt mir schwer und der Alkohol droht meinen Körper zu zerstören. Aber wie gesagt. Pech für mich. Der Matheunterricht hätte mich vielleicht etwas aufgeheitert. Stattdessen muss ich jetzt die fette Pollymar ertragen. Ich hoffe sie hat sich heute nicht schon wieder für ein hautenges Outfit entschieden. „Wie war dein Date mit Ketha, fragte ich Milan, während ich meine Beine auf den Tisch legte.

Der lachte: „Was denkst du denn, wie es war?"

Ich schaute kurz zu Ketha rüber. Sie unterhielt sich gerade mit Sabrina. Ihre Haare trug sie zu einem Zopf. Ich persönlich steh total auf ihre langen, braunen Haare. Besonders, wenn sie diese offen trägt.

„Ich bin mir nicht sicher, wie es war."

Milan sah mich komisch an: „Was meinst du?"

Der arme Junge versteht mal wieder gar nichts. Typisch. Ich fuhr mir durch die Haare.

„Als hättest du jemals eine Chance bei ihr, entgegnete ich spöttisch.

„Wäre ihr nicht auf einmal schlecht geworden, wäre sie schon längst meine Freundin."

Dieser Junge macht es mir aber auch echt schwer, ihn nicht lauthals auszulachen. Reiß dich zusammen Levi.

„Du solltest wohl besser darüber nachdenken, warum ihr schlecht geworden ist."

Milan warf mir einen fiesen Blick zu und drehte sich zu Mohammed um. Soll mir recht sein. Also beobachtete ich Ketha eine Weile lang.

Plötzlich ging die Tür auf und die fette Pollymar kam herein. Fünfzehn Minuten zu spät. Sie stellte ihre Tasche auf das Lehrerpult.

„Füße vom Tisch, fuhr sie mich an und kramte in ihrer Tasche.

Ich gehorchte, um weitere Probleme zu vermeiden.

„Ach da ist sie", sagte Frau Pollymar und hielt eine Liste in die Luft. „Heute könnt ihr mal wieder praktisch aktiv werden. Da die Partnerwahl beim letzten Mal nicht so optimal gewählt war, habe ich euch jetzt zugeteilt."

Unzustimmendes Gemurmel brach aus. Tyler hob seine Hand. Weil die fette Pollymar ihn übersah, stellte er einfach seine Frage: „Ist das wirklich nötig?"

Unsere Kunstlehrerin verdrehte die Augen. Sie erklärte uns, wie wichtig es sei ein gutes Ergebnis zu erzielen. Dass man produktiv und zielstrebig arbeiten sollte. Mein Gott ist die Alte nervig. Nachdem sie fertig war, las sie dann endlich ihre ach so heilige Liste vor. Ich hoffte inständig mit Mohammed oder Tyler zusammenarbeiten zu müssen. Bevor ich mit Laura zusammenarbeite, würde ich mich lieber umbringen. Sie ist so unglaublich hässlich. Unsportlich obendrein. Frau Pollymar räusperte sich und ratterte die Namen der Paare schnell hinunter. Als sie fertig war, glaubte ich nicht meinen Namen gehört zu haben. Gerade als ich Milan fragen wollte, ob ich aufgerufen wurde, hörte ich Kethas Stimme: „Entschuldigung, aber ich glaube Sie haben vergessen mich einzuteilen."

Frau Pollymar strich mit ihrem Wurstfinger über die Liste. Sie sah überrascht aus: „Da muss ich dir Recht geben. Habe ich noch jemanden vergessen?", fragte sie.

Ich hob langsam meine Hand. Alle starrten mich an. Ich wusste nicht genau, wie ich Kethas Blick deuten sollte. „Gut, dann arbeitet ihr zusammen", sagte unsere Kunstlehrerin.

Ich war wie gelähmt. War das jetzt gut oder schlecht? Wir wechselten kurz darauf die Plätze, damit wir mit unseren Partnern arbeiten können. Meine Hände fingen extrem an zu schwitzen und ich wurde ziemlich nervös. Ketha setzte sich neben mich und schlug ihre Beine übereinander. Ich fuhr mir mehrmals durch die Haare und versuchte dabei das Haargel in eine gute Form zu bringen. Einfach cool bleiben. Durchatmen. Ich wusste eindeutig nicht, was ich sagen sollte. Aber dann fragte ich sie, wie ihr Date mit Milan lief. Keine Ahnung weshalb. Sie schaute mich an. Eine Weile saßen wir schweigend nebeneinander.

„Es lief gut, aber nicht so gut, wenn du verstehst was ich meine", antwortete sie trocken. Wir beide lachten leise. „Ich weiß was du meinst, er hat es mir erzählt."

Ketha holte einen Tuschkasten aus ihrer Tasche. „Willst du mich malen, oder soll ich dich malen?"

Wovon redete sie bloß. Dann fiel mir plötzlich wieder ein, dass wir uns in den letzten Wochen mit dem Porträtmalen auseinandergesetzt haben. Ich überließ ihr diese Entscheidung.

„Ich möchte dich malen, flüsterte sie mir zu. Ich war einverstanden und sie fing an. Ich muss zugeben, dass sie unglaubliches Talent hat. Aber selbst, wenn sie kein Talent hätte, würde mir das Bild gefallen.

Ich war ziemlich enttäuscht, als der Kunstunterricht sich dem Ende zuneigte. Kunst erfüllt mich schon mein halbes Leben mit Freude und unbändiger Energie. Ich liebe es einfach zu malen. Es gibt unendlich viele Möglichkeiten. Nächste Woche werden Levi und ich wohl wieder zusammenarbeiten müssen, da Frau Pollymar diese Partnerwahl für das restliche Halbjahr beibehalten möchte. Ich kann sie total verstehen. Unsere Klasse ist einfach nicht besonders geschickt. Zum Glück bin ich locker geblieben. Damit hatte ich nicht gerechnet. Ich kann stolz auf mich sein.

Nachdem es zur Pause geklingelt hatte, packte ich eilig meine Sachen zusammen, um so wenige Minuten wie möglich von meiner Pausenzeit zu verschwenden. Nun spürte ich, wie mich jemand von hinten umarmte. Es war Milan. Ich drehte mich um und sah direkt in seine schönen Augen. Er sah aus wie ein unschuldiger Welpe. Der arme Junge.

„Wie geht es dir?", flüsterte er in mein Ohr.

„Gut, sehr gut, antwortete ich, es geht mir gut."

Wir schauten uns noch einen Moment lang in die Augen und dann ging er vor mir aus dem Klassenzimmer. Was zur Hölle sollte das bloß. Wenn er spielen will, kann er nicht gewinnen. Außer wenn derjenige gewinnt, der am Meisten verletzt werden wird.

Am Nachmittag saß ich im Wartezimmer von Doktor Van Help. Hier fühle ich mich oft so deplatziert. Aber diese Gespräche helfen mir. Nur darauf kommt es an. Ich bin nicht verrückt. Jedenfalls sagen Psychologen das immer. Doktor Van Help bezeichne ich als Freundin und nicht als meine Seelenklempnerin. Sie ist seit einem Jahr immer für mich da und das rechne ich ihr hoch an. Schlimme Erlebnisse sind mit ihrer Hilfe einfacher zu verarbeiten. Außerdem liebe ich die Schokolade, die ich bei jedem Termin von ihr bekomme. Diese war am Anfang der einzige Grund, weshalb ich zu diesen Terminen erschienen bin. Ziemlich kindisch. Weiß ich. So bin ich eben.

„Ketha Fasmier bitte", sagte eine Frau im nächsten Augenblick und ich folgte ihr.

Dr. Van Help saß schon bereits in ihrem Sessel. Sie trug ihre Brille, ganz typisch, hatte ihre Beine übereinandergeschlagen und lächelte mir zu. Ich setzte mich auf die bequeme Ledercouch. Dieses Zimmer war wunderschön wie immer. Weiße Wände. Große Fenster. Der Duft guter Schokolade umgab mich. Wenn der Himmel so aussieht, werde ich mich dort willkommen fühlen.

„Kann ich dir ein Stück Schokolade anbieten?", fragte die Doktorin.

Ich nahm mir ein Stück von dem Teller, welcher vor mir auf einem runden Tisch stand. Das ist wirklich gute Schokolade. „Ich muss dir etwas erzählen, hob ich kauend an, es betrifft Nelly."

„Dafür bin ich da", entgegnete Dr. Van Help freundlich und lehnte sich zurück. Jetzt musste ich meine Gedanken erst einmal sortieren. Während ich überlegte, was genau ich meiner Psychologin erzählen wollte, schob ich mir ein Stück Schokolade nach dem anderen in den Mund. Doktor Van Help blieb gelassen. Sie kennt mich.

Nachdem ich die komplette Schokolade aufgegessen hatte, fing ich an zu reden: „Nelly und ich haben uns gestritten. Es ist immer dasselbe. Immer mischt sie sich in meine Angelegenheiten ein."

„Was genau meinst du?", hackte Dr. Van Help nach.

„Ich war mit Milan im Kino. Plötzlich saß Nelly hinter mir. Sie wollte, dass ich ihn küsse. Ich habe sie angeschrien. Sie sollte mich endlich in Ruhe lassen."

„Also hast du große Wut empfunden?"

Ich bejahte dieses traurig: „Im selben Moment habe ich es bereut. Wie konnte ich sie bloß anbrüllen? Sie weinte und lief aus dem Kino."

Weinen musste ich jetzt auch. Doktor Van Help setzte sich neben mich.

„Nelly wird dir verzeihen, ihr seid beste Freunde", versicherte sie mir und nahm mich in den Arm.

Ich fühlte mich so verlassen, ihre Umarmung half mir nicht. „Ich habe ihr genug angetan, schrie ich und sprang plötzlich auf.

Es schien, als würde mein Körper mir nicht mehr gehorchen. Ich riss die Akten aus den Schränken und schmiss sie auf den Boden. Währenddessen sah ich den fassungslosen Gesichtsausdruck meiner Psychologin. Dann warf ich den Teller vom Tisch. Ich hörte wie dieser zerbrach und empfand Freude. Der Teller und ich haben eine große Gemeinsamkeit. Wir sind zerbrechlich. Die Zerstörung nahm ihren Lauf und ich konnte rein gar nichts dagegen tun. Nachdem alles kaputt war, was zerbrechlich war, sank ich zu Boden. Mein Gesicht war voller Tränen. Doktor Van Help kam auf mich zu und nahm mich erneut in den Arm.

„Es tut mir leid", stotterte ich. Das Ende naht, dachte ich mir.

„Ist schon gut, beruhigte sie mich, es ist nicht deine Schuld."

Das glaubt sie doch wohl selbst nicht.

„Ich kann dich nach Hause fahren", bot sie mir an. Erleichtert nahm ich dieses Angebot an. Während der Autofahrt nagten die Schuldgefühle an mir. „Fresst mich doch auf", murmelte ich immer wieder leise vor mich hin. „Fresst mich doch auf, fresst mich auf, traut euch."

Zuhause angekommen ging ich, ohne ein Wort zu meiner Familie in mein Zimmer. Werde nicht schwach. Bloß nicht. Ich fiel auf mein Bett. Bleib wach. Meine Augen schlossen sich langsam und ich hörte lautes, wildes Durcheinandergerede. Zuerst dachte ich an den Tod. Du bist tot. Aber das dumme Mädchen täuschte sich gewaltig. Ich hörte bloß die Diskussion von meinen Eltern und Doktor Van Help, die sich bestimmt Sorgen machen.

Am nächsten Morgen musste ich nicht in die Schule gehen. Ich durfte Zuhause bleiben. Meine Eltern sind der Meinung, dass ich jetzt viel Ruhe brauche, um ich von gestern zu erholen. So sehe ich das nicht. Ich kann keine Auszeit von mir selbst nehmen. Ich kann nicht vergessen. Allerdings genoss ich es allein zu sein. Seit zwei Stunden sitze ich schon auf unserem Sofa vor dem Fernseher und stopfe eine riesige Menge Eis in mich hinein. Das pinkfarbene schmeckte mir am besten. Vermutlich Erdbeere. Definitiv Erdbeereis. Ich war einfach nur müde und wollte nicht mehr. Also machte ich ein Nickerchen.

Nach ein paar Stunden wachte ich wieder auf. Irgendetwas hatte sich verändert. Nelly saß neben mir. Ich rieb mir die Augen, um sicherzugehen, dass ich wach bin.

„Wieviel von dir ist noch übrig?", fragte sie lachend.

Das war kein Traum.

„Du siehst furchtbar aus, meinte sie, ich werde dir helfen." Nelly stand auf und verschwand im Badezimmer. Eine Minute später war sie zurück und hielt meine Schminktasche in der Hand. Sie nahm wieder neben mir Platz. Ich hatte mich inzwischen aufgerichtet.

„Komm wir machen dich wieder schön."

Ich nickte und ließ mich von ihr schminken. Das Ergebnis war zufriedenstellend. Ich holte Luft, aber bekam keinen Ton raus.

Nelly sah mich an und sagte: „Süße, mach dir keinen Kopf." „Es tut mir leid, stotterte ich."

„Ich weiß, gab sie zur Antwort und kämmte mir als nächstes die Haare.

„Deine hellbraunen Locken sind wunderschön, sagte ich endlich klar und deutlich.

Sie freute sich. Bevor meine beste Freundin mich verließ, gab sie mir einen Kuss auf die Stirn und ermahnte mich, nicht noch mehr Eis zu essen. „Sonst wirst du fett, wie Laura."

Ihre Worte fanden auch noch wenige Stunden nach ihrem Besuch ihren Platz in meinem kranken Hirn.

Am Nachmittag hatte ich es satt nur rumzusitzen und nichts zu tun. Solange es sich vermeiden lässt, werde ich nicht mehr daran denken. Niemand ist perfekt. Ich habe zwar Probleme, muss aber lernen damit umzugehen. Nur faules Rumsitzen ist keine Lösung. Jedenfalls nicht für mich. Mir war so langweilig. Außerdem kann ich es nicht zulassen, dass es noch einmal passiert. Ich überlegte, was ich machen könnte, um mich abzulenken. Dann hatte ich eine Idee. Oma Gerda liegt seit ihrer Operation nach wie vor im Krankenhaus. Über einen Besuch würde sie sich bestimmt freuen. Im Krankenhaus fühlt man sich total einsam. Hilflos. Verlassen. Ich kenne das genau. Ich zog mich schnell um und nahm dann den Bus direkt zum örtlichen Krankenhaus.

Dort angekommen, brachte ich schnell die Zimmernummer und die Station in Erfahrung, auf der meine Oma sich befindet. Ich erinnere mich noch ganz genau an meinen letzten Krankenhausaufenthalt. Letztes Jahr an meinem Geburtstag bin ich wegen eines Nervenzusammenbruchs eingewiesen worden. Eine Woche lang starrte ich gelbe Wände an und musste widerliches Essen über mich ergehen lassen. Aber all das habe ich längst überstanden. Es ist Vergangenheit. Als ich das Zimmer betrat, saß meine Oma auf dem Bett. In der rechten Hand hielt sie einen extrem roten Lippenstift und in der Linken einen Kosmetikspiegel.

„Hallo Oma," begrüßte ich sie lächelnd.

Sie zuckte zusammen. „Hey Ketha, ich habe dich nicht gesehen. Komm her und lass dich umarmen."

Sie legte die Sachen beiseite und drückte mich fest. Ich setzte mich neben sie.

„Ich wusste gar nicht, dass man sich hier schminken darf." Meine Oma fing an zu lachen. „Darf man auch eigentlich nicht. Deine Mutter hat bei ihrem letzten Besuch diesen Lippenstift vergessen. Ich konnte nicht widerstehen."

Das bewies mal wieder, wieso meine Oma einfach die Beste ist. Sie ist anders als andere Großmütter. Für jeden Spaß zu haben und überhaupt nicht spießig.

Dann fragte sie mich, wie es denn so in der Schule läuft. „Hör mir mal zu, ich will dich nicht anlügen, hob ich an, ich war heute nicht dort."

„Wieso nicht, fragte sie besorgt, wissen deine Eltern davon?"

„Ja natürlich", sagte ich.

Meine Oma strich mir über die Haare. „Ist es wegen der Sache mit Nelly?"

Ich nickte und brach ungewollt in Tränen aus. Oma Gerda nahm mich fest in den Arm. Eine Weile weinte ich einfach.

„Du bist ein starkes Mädchen Ketha, ich hoffe du weißt das." Ich nickte und zwang mich zu einem kleinen Lächeln.

„Wenn ich wieder aus dem Krankenhaus komme, werden wir etwas gemeinsam unternehmen."

„Danke Oma."

„Wie war denn dein Date?", fragte sie unerwartet und lächelte wie ich in meinem Alter.

„Eigentlich ganz gut, aber ich glaube das wird nichts mit uns."

Nun ja, du bist ja auch erst sechzehn."

Ich verdrehte die Augen. „Daran liegt es nicht. Er ist ein echt ein toller Junge, aber ich mag jemand anderen."

Die Augen meiner Oma funkelten wild. „Wie heißt er?", wollte sie von mir wissen.

Ich seufzte. „Ich glaube, das spielt keine Rolle, er mag mich sowieso nicht."

Meine Oma boxte mir gegen die Schulter. „Das wird schon Ketha glaub mir."

Zum Schluss gab sie mir einen Kuss auf die Stirn und ich versprach sie bald wieder besuchen zu kommen. Zudem musste ich ihr das Versprechen geben ihr etwas Leckeres zu essen mitzubringen. Das konnte ich nachvollziehen. Dieses Krankenhausessen kann man vergessen.

Die Schule war heute wie immer. Langweilig. Außerdem nervt zurzeit einfach alles und jeder. Ich stand vor der Haustür. Jedes Mal muss ich mich überwinden diese zu öffnen. Ich hasse mein Leben. Ich schloss die Tür auf in der Hoffnung meinem Vater nicht begegnen zu müssen. Doch dann blieb mir der Atem weg. Ich sah eine Blutspur, die vom Flur direkt in die Küche führte. Was sollte ich jetzt bloß denken. Langsam folgte ich der Spur und sah meine Mutter am Küchentisch sitzen. Sie weinte und ihr Gesicht sah übel zugerichtet aus. Sofort ging ich auf sie zu und fragte, was los sei. Ich bekam keine Antwort. Meine Mutter heulte sich die Seele aus dem Leib und war so hilflos. So zerbrechlich.

Ich setzte mich zu ihr: „Du musst ihn anzeigen."

„Ich weiß, sagte meine Mutter weinerlich, du musst hier weg."

Anscheinend konnte sie nicht klar denken.

„Wo soll ich denn bitte hin?"

Meine Mutter seufzte und nahm mich in den Arm. Das fühlte sich ungewohnt aber großartig an.

„Du bist hier nicht sicher vor ihm. Wir leiden schon viel zu lange unter den Launen deines Vaters."

Nun musste ich auch weinen. Nein. Wehr dich. Gefühle sind was für Flachpfeifen. So kann es nicht weitergehen.

Ich beschloss mir draußen die Beine zu vertreten. Um den Kopf wieder klar zu bekommen. Mein Vater wird vor morgen sowieso nicht nach Hause kommen. Bestimmt sitzt er in irgendeiner Bar und knallt sich die Birne zu. Genau das hatte ich jetzt auch vor. Ohne dass meine Mutter es bemerkte, nahm ich mir ein paar Flaschen Bier mit. Für unterwegs. Meine Beine führten mich irgendwo hin. Mir war das ganz egal. Nach einer Weile setzte ich mich auf den Bürgersteig und öffnete eine Flasche.

„Auf dich und dein gottverdammtes Leben, schrie ich so laut ich konnte."

Dann trank ich. Kaum zu glauben wie schnell der Körper sich daran gewöhnt. Gut so.

Plötzlich hörte ich eine Stimme. Sie war leise. Panisch. Ich war mir sicher, dass ich sie hörte.

„Levi, wach auf!" „Bitte", schrie sie hysterisch, „du darfst nicht tot sein."

Ich fühlte, wie sie mir über die Haare strich. Sachte. Ich konnte ihre Angst fühlen. Wie kann man nur so viel Wind um mich machen. Dann spürte ich einen sanften Kuss auf meinen Lippen. Ich öffnete die Augen.

Ketha zuckte zusammen. „Du lebst." Sie nahm mich in den Arm. Zwei Umarmungen an einem Tag. Das war wirklich zu viel. „Soll ich einen Krankenwagen rufen?"

„Nein, auf keinen Fall. Das würde meine Mutter bloß unnötig belasten."

Ich setze mich hin und legte meinen Arm um Ketha. „Danke, dass du mich gefunden hast. Ich dachte jetzt wirklich das wäre es jetzt mit dir gewesen." Ich lachte.

„Das dachte ich auch."

Ketha legte ihren Kopf auf meine Schulter. „Wieso trinkst du?"

Ich schaute in ihre blaugrünen Augen und wusste, dass sie die Person ist, der ich vertrauen sollte.

„Ich weiß gar nicht, wo ich anfangen soll."

Nachdem ich ihr beinahe alles erzählt hatte, schwieg sie. Dann lächelte sie. „Du kannst bei uns bleiben."

Ich dachte nach. Sie strich mir währenddessen durch die Haare.

„Deine Haare sind weicher als ich dachte."

„Deine Lippen sind weicher als ich dachte."

Ketha schaute mich verdutzt an.

„Das meine ich doch nicht böse."

„Das hoffe ich für dich, sagte sie lachend, sonst teilst du dir den Schlafplatz mit meinem Hund."

Das würde ich sogar tun. Alles ist besser als hier zu bleiben.

Der darauffolgende Freitagnachmittag war ziemlich anstrengend. Levi zog bei uns ein und obwohl es ziemlich viel Arbeit bedeutete, war es das Interessanteste dieser Welt. Ich bin meinen Eltern so dankbar, dass sie so viel Verständnis für Levis Situation aufbringen konnten und ihn bei uns aufnehmen. Na ja so viel Verständnis auch wieder nicht. Seine Mutter Monika lebt fürs Erste in einem Frauenhaus ungefähr 100 Kilometer weit weg von uns. Dort sollte sie vor ihrem kranken Ehemann sicher sein. Ich bin mir jedoch zu 100 Prozent sicher, dass sie die Scheidung will. Jedenfalls würde ich das wollen.

„Sei vorsichtig, fuhr Levi meine Mutter an, die Flaschen im Koffer könnten kaputtgehen."

Meine Mutter blieb stehen und schaute ihn verdutzt an: „Was für Flaschen?"

Levi riss ihr den Koffer aus der Hand.

„Öffne den Koffer, sagte meine Mutter leicht aufgebracht. „Das ist nicht nötig Nancy."

„Für dich bin ich immer noch Frau Fasmier."

„Entschuldigung, das hatte ich vergessen. Ich dachte wir wären jetzt eine Familie."

Levi ging die Treppe rauf. Das Gästezimmer befindet sich gleich neben meinem. Meine Mutter schüttelte mit dem Kopf und ging zum Auto, um weitere Koffer zu holen. Ich ging ebenfalls die Treppe rauf. Im Gästezimmer fand ich Levi nicht. Er saß auf dem Bett. Auf meinem Bett. In meinem Zimmer.

„Was machst du hier?", wollte ich von ihm wissen.

Er lächelte. „Ich lese dein Tagebuch."

Für einen Moment zuckte ich zusammen, aber dann sah ich, dass er gar kein Buch in der Hand hielt.

„Bist du immer so lustig?" Ich setzte mich zu ihm.

„Das bin ich, deshalb magst du mich doch."

Ich lachte. „Glaubst du das wirklich?"

Levi stand auf und sah sich um. „Ist das hier dein Tagebuch?"

Ich konnte es nicht glauben. Er hielt es tatsächlich in der Hand.

„Ja."

Er schlug es auf. Ich hörte, wie er darin blätterte. Jede einzelne Seite. Schon komisch. Ich schloss die Augen. Auf jeder Seite steht etwas über ihn. Auf jeder. Von seinen Augen bis hin zu seinen perfekten Haaren. Jeder einzelne kranke Gedanke meines Hirns steht in diesem Buch.

„Wieso liegt es hier so offen herum?"

Ich öffnete meine Augen. Langsam. Nichts konnte mir meine Freude verderben.

„Ich habe nichts zu verbergen."

„Ist das vielleicht doch nicht dein Tagebuch?"

Ich grinste. Bis über beide Ohren. „Doch, gib es her, ich werde dir etwas daraus vorlesen."

Levi reichte mir mein Tagebuch und setzte sich wieder neben mich. Ich räusperte mich:

„Liebes Tagebuch,

Ich muss dir etwas erzählen. Es hat mich tatsächlich erwischt. Voll und ganz. Ich weiß gar nicht, was ich tun soll. Es ist Levi. Ich habe dir doch schon so viel von ihm erzählt. Ich weiß, dass er total dumm und eingebildet ist, aber das stört mich nicht mehr. Du willst wissen wieso. Du willst wissen, was sich geändert hat. Ich habe mich verändert. Niemand ist perfekt. Solche Augen findet man nur einmal auf der ganzen, weiten Welt. Ich glaube nicht, dass meine Chancen wirklich gutstehen, aber sie stehen auch nicht gerade schlecht. Er ist ein Grund zu leben und zu sterben."

Ich schlug das Buch zu. Levi schaute mich an. Nicht so wie sonst. Er sah gerührt aus.

Dann nahm er meine Hand. „Ich hatte keine Ahnung. Noch nie in meinem ganzen Leben habe ich so ehrliche Worte gehört. Die wirklich von Herzen kamen. Ich hatte bisher nie das Gefühl, wirklich geliebt zu werden."

Er schaute mir tief in die Augen: „Bis jetzt." Eine Träne rollte meine Wange hinunter.

„Ich mag dich wirklich." Er nahm meinen Kopf in seine Hände und küsste mich. Schicksal. Glück. Liebe. Wohl eher nicht.

Kapitel 4

Kleid? Rock? High Heels? Schwierige Entscheidung. Ich meine, was trägt man am besten zu einem Abendessen bei einem reichen Kerl? Ich überlegte. Definitiv etwas Schickes.

„Ich würde High Heels tragen." Nelly nahm einen Schuh in die Hand. „Oh mein Gott, sind die schön."

Ich war mir unsicher. Vielleicht doch eher sehr unsicher. „Ich weiß nicht."

Nelly verdrehte die Augen. „Das ist nicht dein Ernst Süße, ich weiß was gut für dich ist."

Ich musterte Nelly. Sie war wunderschön. Wie immer. Sie trug ein schwarzes Kleid, silberne Hackenschuhe sowie silberne Ohrringe. Ihre Haare trug sie wie immer offen. Sie scheint nahezu perfekt im Gegensatz zu mir. Nicht das ich fett bin, aber gerade schlank bin ich auch nicht.

„Dir würden die Schuhe besser stehen als mir."

Nelly fuhr durch ihre hellbraunen Locken und lächelte: „Du hast recht, sie rufen förmlich meinen Namen."

Ich lächelte zurück. Sie probierte die Schuhe an. Sie passten perfekt. Wie sollte es auch anders sein. Ich bin nicht neidisch auf sie. Immerhin bin ich hier.

„Kaufst du mir die Schuhe?"

Ich dachte für einen kurzen Augenblick nach. Normalerweise bin ich auf der Suche nach etwas für das Abendessen bei Herrn Blond heute Abend. Der Chef meines Vaters hat uns eingeladen. Angeblich ist es ein Dankeschön für den Werbespot. Ich denke eher, dass er mit seinem Geld prahlen will. Wenn ich reich wäre, würde mir das wahrscheinlich ebenfalls am Meisten Spaß machen.

Nelly schnippte mit den Fingern. „Kaufst du mir sie jetzt oder nicht?"

Ich konnte nicht anders. „Natürlich."

Meine beste Freundin umarmte mich. Sie packte die Schuhe zurück in den Karton und ich ging zur Kasse. Die Schuhe waren extrem teuer. Jedoch konnte ich sie nicht schon wieder im Stich lassen. Also bekam sie die Schuhe.

Im nächsten Geschäft hatte es mir ein lilafarbenes Kleid angetan. Ich liebe Lila.

„Hübsch nicht wahr?" Nelly nahm das Kleid vom Bügel. „Zieh es an."

Gute Idee. Ich machte mich auf die Suche nach einer Umkleidekabine. Nachdem ich fündig geworden bin, hatte ich das Kleid schneller an als ich dachte. Ich schaute in den Kabinenspiegel. Hübsch sah ich aus. Vielleicht doch etwas zu hübsch. Als ich Nelly nach ihrer Meinung fragen wollte, war sie verschwunden. Typisch. Aber ich mache ihr keine Vorwürfe. Sie hat für immer das Recht, sauer auf mich zu sein. Ich schaute nochmal in den Spiegel. Ich entschied mich gegen das Kleid. Das Problem war jedoch, dass sich das Kleid anscheinend für mich entschieden hatte. Der Reißverschluss klemmte und ich war somit gefangen. In einem Kleid. Peinlich. Ich rannte aus der Kabine und hielt nach jemandem Ausschau, der mir vielleicht helfen könnte. Doch außer mir und dem Kassierer war niemand da. Dann musste ich das Kleid wohl oder übel anbehalten und bezahlen. Den Kassierer frage ich ganz sicher nicht um Hilfe. Ich hasse Männer über 45. Ekelhaft. Tragen ihre Bierbäuche und Halbglatzen herum, als gäbe es keinen Morgen. Nein Danke.

„Könnte ich dieses Kleid bitte bezahlen?"

Der Fettsack sah von seiner Zeitung auf und schob seine Brille weiter auf die Nase. „Möchtest du das Kleid gleich anbehalten oder wie?"

Dämliche Frage. Ich seufzte.

„Ja möchte ich. Der Reißverschluss lässt sich nicht öffnen." „Kann ich dir helfen?"

Mir lief es eiskalt den Rücken runter und ich bekam eine Gänsehaut. „Nein danke."

Er bedankte sich, nachdem ich bezahlt hatte und ich verließ das Geschäft. Wie peinlich. Da kann ich mich nie wiedersehen lassen. Die Busfahrt war auch nicht die Beste. Jeder starrte mich an. Als hätte noch niemand ein sechzehnjähriges Mädchen in einem lilafarbenen Kleid gesehen. Wahrscheinlich haben sie noch nie ein sechzehnjähriges Mädchen in einem lilafarbenen Kleid im Winter gesehen. Vielleicht liegt es aber auch an meiner neu erworbenen Unwiderstehlichkeit. Ich verschluckte mich fast an meinem Lachen, aber das hielt mich noch lange nicht davon ab.

Zuhause angekommen, öffnete mein Freund mir die Tür. Er gab mir einen Kuss auf die Wange. Mir fiel sofort auf, dass er schlampiger aussah als sonst. Seine Haare waren nicht gegelt und er trug eine Jogginghose. Ungewohnt.

„Hast du dich schon umgezogen?"

Ich machte die Haustür hinter uns zu. „Notgedrungen."

„Was meinst du damit?"

„Der Reißverschluss klemmt und bitte fang dieses eine Mal nicht an zu lachen."

Der Mistkerl lachte mich doch aus.

„Ich habe deinen Bruder heute Morgen kennengelernt und wir chillen."

Das freute mich. Es scheint, als würde er hier gut zurechtkommen.

Ich ging die Treppe rauf in mein Zimmer. Dort traf ich auf meine Mutter, die gerade ein paar Klamotten in meinen Schrank räumte. Sie musterte mich. Ich konnte ihren Blick förmlich fühlen.

„Hübsches Kleid."

„Dankeschön."

Ich half ihr beim Einsortieren meiner Sachen.

„Hast du auch passende Schuhe gekauft?"

„Nein, aber welche für Nelly", sagte ich als ich einen Pullover faltete. Meinen Lieblingspullover.

„Wo sind die Schuhe?"

„Natürlich bei Nelly."

Meine Mutter seufzte: „Kauf ihr nichts mehr, versprich es mir."

Es tut mir leid aber ich mache keine Versprechen, die ich sowieso nicht einhalten kann.

Als mein Vater und ich vor dem Haus von Herr Blond standen, war es bereits dunkel. Der Wind war kalt, aber zum Glück schneite es nicht. Meine Mutter hatte mir noch passende Schuhe geliehen und ich habe mir die Haare hochgesteckt. Mein Vater schien schon wieder nervös zu sein. Aber wann ist er das nicht. Das Haus ist mehr ein Palast und der Garten ein reines Kunstwerk. DogSmile wirft wohl eine Menge Kohle ab. Dabei dreht sich alles bloß um Hundefutter. Mein Vater klingelte. Kurz darauf öffnete uns eine junge Frau. Sie war sehr schlank und allerhöchstens 25 Jahre alt.

„Hallo Frau Blond", begrüßte mein Vater sie und schüttelte ihr die Hand.

„Das ist nicht meine Frau", sagte Herr Blond und stand plötzlich neben ihr.

Mein Vater entschuldigte sich.

„Schon gut Thorsten, ihr müsst wissen, ich bin geschieden." Das hätte ich nicht gedacht. Die junge Frau brachte uns dem Anschein nach ins Esszimmer. Das Haus ist der reine Wahnsinn. Alles ist so groß und ordentlich. Überall duftete es nach Vanille und Zimt. Es sah aus wie aus einem Luxus Katalog.

Dann traf mich der Schlag. Am Tisch saß ein Mädchen mit langen, blondierten Haaren. Schlank. Schön. Sie trug ebenfalls ein Kleid. Als unsere Blicke sich trafen, schien auch sie sehr überrascht zu sein. Mein Vater und ich setzten uns an den reichlich gedeckten Tisch. Es schien alles da zu sein. Von allen Gemüse- und Fleischsorten bis hin zu Meeresfrüchten. Ich nahm mir von allem ein bisschen. Außer von den Meeresfrüchten. Dann fingen wir an zu essen. Es war still. Niemand sagte auch nur ein Wort. Alles, was man gelegentlich hörte, war das Kratzen der Messer auf den Tellern und das Herumreichen der Schüsseln.

Nach ein paar Minuten brach Herr Blond das Schweigen: „Das hier ist übrigens meine einzige Tochter. Sie müsste ungefähr in deinem Alter sein."

Wie recht er doch hatte.

„Hallo Ketha", sagte sie plötzlich.

Ich verschluckte mich beinahe.

Hallo Amelie", entgegnete ich darauf mit fester Stimme und einem breiten Grinsen.

„Ihr kennt euch?", fragte Herr Blond überrascht.

„Ja."

Amelie legte Messer und Gabel zur Seite. „Wir gehen sogar in dieselbe Klasse."

Komisch, dass mir vorher nie in den Sinn gekommen ist, dass Amelie seine Tochter ist. Immerhin haben sie beide denselben Nachnahmen und sehen sich sogar ein bisschen ähnlich. Der Nachtisch war ebenfalls sehr lecker. Es gab Kuchen, Pudding und Eiscreme. Dieses Abendessen erinnerte mich stark an ein Restaurant Büffet. Unfassbar, dass sie sich so ein Essen jeden Tag leisten können. Nach dem Essen wollte Herr Blond mit meinem Vater noch über Geschäftliches sprechen, weshalb Amelie mich mit in eines ihrer Zimmer nahm. Das Zimmer war wunderschön. Wie der Rest des Hauses. Was mir sofort auffiel, waren unzählige Fotos von ihr und Milan an der Wand. Es müssen Hunderte sein. Beide sehen auf allen unheimlich glücklich aus.

„Wie lange kennst du Milan schon?"

Amelie nahm ein Foto von der Wand. „Ich kenne ihn schon mein ganzes Leben lang."

Das bestätigten die Fotos. Auf einigen waren sie vielleicht drei oder vier Jahre alt.

„Mein Vater gründete zusammen mit Herr Wehrmann die Firma vor vielen Jahren."

Ich wusste vorher auch nicht, dass Milans Vater etwas mit DogSmile zu tun hat. Amelie zeigte mir ein Bild, auf dem sie alle an einem Tisch saßen.

„Mein Vater und Milans Vater haben sich irgendwann gestritten und er ist ausgestiegen. Jetzt hat er seine eigene Firma."

Amelie seufzte und setzte sich in einen Sessel. Ich setzte mich in einen anderen. Es standen drei in ihrem Zimmer.

„Also seid ihr allerbeste Freunde?"

„Ja, sind wir. Aber ich glaube er empfindet mehr für mich." Wie konnte sie sich bloß so sicher sein. Immerhin waren Milan und ich zusammen im Kino. Hätte ich es zugelassen, wären wir jetzt ein Paar. Das erinnerte mich daran, unbedingt noch einmal mit ihm sprechen zu müssen. Ich möchte nicht, dass er von alleine herausfindet, dass ich bereits vergeben bin.

„Stehst du auf ihn?"

Amelie sah mich eindringlich an. Sie hat die Wahrheit verdient.

„Ich dachte es, bis mir klar wurde, dass ich viel mehr für jemand anderen empfinde."

In meinem Kopf wiederholte ich immer wieder die Worte „viel mehr".

Ich war stolz auf mich.

„Wer ist es denn?", bohrte Amelie nach.

„Levi", antwortete ich.

Plötzlich sprang Amelie aus ihrem Sessel. „Ich möchte alles wissen", brüllte sie mich an während ich von ihr aus dem Sessel gezogen wurde.

Damit konnte keiner rechnen. Ich erzählte ihr beinahe alles. Außer, dass er viele Probleme hat und deshalb bei uns Zuhause wohnt. Den Alkohol ließ ich besser ebenfalls aus dem Spiel. Der restliche Abend verlief ziemlich gut. Amelie war netter als ich bisher dachte und es war schön mit jemandem sprechen zu können. Vielleicht ist das der Beginn einer neuen Freundschaft ohne Schuldgefühle. Erfrischend.

Leon ist ein ziemlich cooler Junge. Bis vor kurzem wusste ich noch nicht einmal, dass Ketha einen Bruder hat. Einen Älteren meine ich. Sie sehen sich überhaupt nicht ähnlich. Wir schauten uns gerade einen Film im Wohnzimmer an. Nicht, dass wir dies nicht schon den ganzen Tag machen würden. Währenddessen kraulte ich Lou zwischen den Ohren. Ich hatte nie ein Haustier. Jetzt schien sich alles zu verändern. Zum Besseren.

Plötzlich klingelte es an der Tür. Nur Leon und ich waren daheim.

„Kannst du aufmachen?", fragte er mich während er sich Chips reinzog.

„Ja."

Ich stand auf und ging zur Tür. Ich hoffte, dass es Ketha sein würde. So seltsam das auch war, ich vermisste sie jetzt schon. Das würde ich ihr aber nie sagen. Ich strich über mein Haar und öffnete die Tür. Es war nicht Ketha. Einer meiner besten Freunde stand vor mir. Mein Favorit.

„Woher weißt du, wo sie wohnt?"

Milan lachte. „Wieso bist du bei ihr Zuhause?"

Jetzt lachte ich. „Was willst du hier"?

Milan schaute auf sein Handy. „Ich möchte mit ihr reden. Ist sie da?" Milan wollte reinkommen, aber ich ließ ihn nicht. „Sie ist nicht da."

Mein bester Freund lachte erneut. „Und wieso bist du dann noch hier?"

Das war mein Moment. Immerhin bin ich derjenige, der bei ihr wohnt.

„Ich wohne hier."

Milan viel die Kinnlade runter und er ließ sein Handy fallen. Das Display zersplitterte. Er bückte sich und hob einige Scherben auf. „Ich gehe wohl besser." Er drehte sich um und verschwand in der Dunkelheit.

Keine Ahnung, was er sich dabei gedacht hatte. Ich ging wieder rein und setzte mich zurück aufs Sofa. Kraulte Lou erneut zwischen den Ohren. Als wäre nichts gewesen.

Der nächste Morgen war herrlich. Ich frühstückte mit Ketha und ihren Eltern. Danach fuhr ich mit ihr zusammen zur Schule. Ich weiß, dass wir auch schon vorher im selben Bus zur Schule gefahren sind, aber diesmal war es anders. Sie saß neben mir und ich hielt ihre Hand. Sie hatte ihre Augen geschlossen. Normalerweise denke ich niemals über meine Zukunft nach. Nicht mal eine Sekunde. Keine einzige. Aber in diesem Moment tat ich es. Ich stellte mir eine Zukunft mit ihr vor. Ketha Fasmier. Ich lächelte. Wir sind erst sechzehn. Aber vielleicht werden wir doch für immer zusammenbleiben. Ich könnte mich an ihre ständige Anwesenheit gewöhnen. Ich möchte mich daran gewöhnen. „Worüber denkst du nach?" Ketha öffnete ihre schönen Augen. „Ist nicht so wichtig", entgegnete ich und gab ihr einen Kuss auf die Wange, wir müssen aussteigen."

Ketha folgte mir und wir stiegen Hand in Hand aus. Es schneite.

Wir betraten das Klassenzimmer. Gemeinsam. Hand in Hand. Es ist unheimlich schwer zu begreifen, womit ich so viel Glück verdient habe. Zum ersten Mal in meinem Leben bin ich wirklich sehr glücklich. Ich sehe förmlich die Sonne lachen. Außerdem trägt sie eine Sonnenbrille. Meinetwegen könnte Levi für immer bei uns wohnen. Ich liebe diese Vorstellung. Doch dann passierte etwas mit mir. Etwas in mir. Etwas mit meiner Freude und Euphorie. Sie zersprangen wie ein Spiegel. In eintausend kleine Teile. Oder mehr. Ich fühlte mich plötzlich sichtlich unwohl. Peinlich berührt. Mir ist bewusst, dass ich Opfer eines normalen Gefühls geworden bin. Wie ich dieses Wort verabscheue. Was ist denn heutzutage bitte normal? Ich fing an nach dem Grund für mein plötzliches Unwohlsein zu suchen. Alle starrten mich an. Ja Ketha, du dumme Kuh, das muss es sein. Wieso bin ich bloß so unheimlich dämlich. Manchmal jedenfalls. Das Gefühl angestarrt zu werden, ist nahezu unbeschreiblich. Die Frage, die sich dabei unvermeidbar aufzudrängen scheint, ist die, ob es sich unbeschreiblich gut oder unbeschreiblich schlecht anfühlt. Für mich gilt meistens eben letzteres. So wie in diesem Moment. Es sind nicht die vielen Augenpaare. Oder das Gaffen allgemein. Nein. Daran liegt es nicht. Es liegt vielmehr an der Unwissenheit. Darüber, was die anderen über mich denken könnten.

Die ersten beiden Stunden stand Musik bei Frau Schneider auf dem Stundenplan. Ich liebe ihren Musikunterricht. Nein, ich vergöttere ihn sogar. Frau Schneider ist zwar nicht mehr die Jüngste, hat aber eine wunderschöne, gar engelsgleiche Gesangsstimme. Manchmal frage ich mich, wieso sie überhaupt an dieser Schule unterrichtet. Ich nenne das reine Talentverschwendung. Zum Glück ist das nicht meine Baustelle. Levi und ich setzten uns nebeneinander. Er legte seine Füße auf den Tisch und fing damit an, noch mehr Haargel in seine Haare zu schmieren. Dabei muss man anmerken, dass seine Badezimmerzeit mehr als ausreichend war. Ich schaute währenddessen auf mein Handy. Als ich wieder hochschaute, stand Amelie vor meinem Tisch.

„Kannst du mal mitkommen?" Sie schien wirklich aufgeregt zu sein.

Ich stand auf und folgte ihr. Auf dem Weg erklärte sie mir, was los sei. Wenn ich ihren Worten Glauben schenkte, dann würde das bedeuten, dass Sabrina und Herr Tenim vor unserer Sporthalle rumknutschen würden. Meiner Meinung nach ist diese Behauptung total absurd. Wenn Amelie solche Lügen verbreitet, kann das zwei Leben ruinieren. Oder gar zerstören. Das bereitete mir Sorgen. Sabrina ist äußerst hübsch. Wieso um alles in der Welt sollte sie etwas mit unserem Sportlehrer anfangen? Ich folgte Amelie weiter bis hinter einen Busch kurz vor der Sporthalle. Da verschlug es mir dann erst so richtig den Atem. Ich verstand die Welt nicht mehr. Wo unten und oben oder links und rechts ist, kann ich nicht mehr so genau beurteilen. Amelie hatte nicht gelogen und keineswegs übertrieben. Beide knutschten miteinander, als gäbe es kein Morgen. Wieso mussten sie das so offensichtlich tun. Jeder könnte sie sehen. Absolut jeder.

„Ich gehe da jetzt hin", sagte ich zu Amelie, doch sie zog mich zurück.

„Tu das besser nicht. Wir sollten unter vier Augen mit ihr sprechen."

Ich gab ihr Recht. Also gingen Amelie und ich zurück ins Klassenzimmer. Frau Schneider betrat kurz nach uns den Raum und schloss die Tür. Sabrina würde wohl zu spät kommen. Irgendwie war ich zwar besorgt, aber auch tierisch sauer auf sie. Nicht weil sie sich in Herrn Tenim verliebt hatte, sondern weil sie es mir verschwiegen hat.

Nach dem Unterricht hielt ich Sabrina auf, um mit ihr zu sprechen. Sie ist eine meiner besten Freunde und ich muss einfach wissen, was da los ist.

„Wieso guckst du mich so komisch an?", fragte sie genervt. Ich verdrehte die Augen. „Ich habe dich mit Herrn Tenim gesehen", entgegnete ich höhnisch.

Sabrinas Gesichtsausdruck veränderte sich schlagartig. „Kannst du das bitte nicht so laut rumposaunen?"

Sabrina und ich warteten, bis unsere Mitschüler aus dem Raum verschwanden und wir ihn für uns allein hatten. Meinem Freund hatte ich schon vorher mitgeteilt, dass er schon mal zur Bushaltestelle vorgehen soll, was er ohne groß nachzufragen tat.

„Was hast du gesehen?", fragte Sabrina.

Ich grinste über beide Ohren während ich mich auf einen Tisch setzte und die Beine baumeln ließ.

„Einfach alles", entgegnete ich.

„Du darfst es keinem sagen, bitte Ketha."

Sie könnte schon noch etwas mehr betteln.

„Bitte Ketha", wiederholte sie.

Langsam klang sie verzweifelt.

„Natürlich werde ich nichts sagen du Doofkopf."

Sabrina setzte sich zu mir.

„Dann warst du also das Mädchen, welches Herr Tenim hinterm Gebüsch gehört hatte".

Natürlich weiß ich, dass es nicht in Ordnung ist, was die beiden tun. Jedoch ist es nicht meine Sache.

„Amelie hat euch auch gesehen und ich bin mir sicher, dass sie nicht dichthalten wird."

„Nicht diese blöde Kuh auch noch."

Sabrina schlug die Arme über ihrem Kopf zusammen. Sie war echt mit den Nerven am Ende. Während sie sich aufregte, hörte ich ihr schon lange nicht mehr zu. Ich summte eine Melodie in meinem Kopf. Die Melodie eines Liedes, dass ich selbst geschrieben habe. Der Text dazu lautet: Springteufel, Springteufel, komm aus deinem Kästchen. Springteufel, Springteufel, ich hab' dich so lieb.

„Hörst du mir überhaupt noch zu?"

„Ja na klar, ich werde mich um Amelie kümmern. Mach dir keine Sorgen. Ich regele das."

Sabrina umarmte mich und wir verließen den Raum.

Am Abend setzte ich dieses Vorhaben dann auch in die Tat um. Ich stattete Amelie einen Besuch ab. Ich klingelte. Sie öffnete die Tür. Sie war allein Zuhause. Perfekt.

„Wieso bist du gekommen? Falls es um Sabrina geht, dann muss ich dir auch etwas sagen."

„Und was?", wollte ich von ihr wissen.

Wir gingen ins Wohnzimmer. Dort stand ein Kuchen auf dem Tisch. Ich steh auf Kuchen. Ein Schokoladenkuchen. Herrlich. Amelie setze sich aufs Sofa: „Wir können nicht einfach nichts tun. Wir können Sabrina nicht einfach mit unserem Sportlehrer rummachen lassen."

In meinem tiefsten Inneren gab ich ihr Recht. Höchstwahrscheinlich wird das kein gutes Ende mit den beiden nehmen.

„Du wirst nichts sagen", fuhr ich sie an während ich mir ein Stück vom Kuchen nahm.

„Du kannst das nicht entscheiden", sagte Amelie spöttisch. „Du wirst nichts sagen", wiederholte ich noch einmal während ich das Kuchenstück genoss. Das war so lecker, dass ich mir gleich das Nächste genehmigte.

Amelie schaute mich komisch an. „Du kannst mir nicht den Mund verbieten."

Man hat die Kleine Nerven. Wenn es einen Grund gibt, dann kann ich das sehr wohl.

„Der Kuchen ist echt lecker. Ist der selbstgebacken?" Ich stopfte mir noch mehr davon in den Mund.

Du isst wie ein Schwein."

Da hatte sie nicht ganz Unrecht.

„Ich werde morgen zum Direktor gehen und ihm alles erzählen."

Nachdem ich aufgekaut hatte, warf ich die letzten Krümel samt Teller auf den Boden und rieb meine Hände aneinander. Ich liebe dieses Geräusch.

Dann bewegte ich mich langsam auf Amelie zu. Ganz langsam. Wie ich diesen Teil liebe.

„Was machst du?" Amelie ging ein paar Schritte zurück.

Ich bewegte mich weiter langsam auf sie zu. Amelie ging weiter zurück. Bis sie an einer Wand stand. Und da packte ich mir die kleine Verräterin. Ich umschloss mit meinen Händen ihren Hals. Übte leichten Druck aus. Sie soll ja nicht gleich blaue Flecken bekommen. Noch nicht.

Plötzlich schrie Amelie auf. Ich drückte sie weiter an die Wand.

„Schschschschschsch", versuchte ich sie zu beruhigen, bleib ganz ruhig."

Amelie hörte auf zu schreien. Ich hielt meinen Kopf an ihren Brustkorb und hörte wie ihr Herz pochte. Sie war so ängstlich. Es fing an immer schneller zu schlagen. Amelie versuchte wieder zu schreien. Aber es klang eher nach einem leisen Wimmern.

„Du wirst den Mund halten. Du wirst niemandem von deren Beziehung erzählen", flüsterte ich in ihr Ohr.

Aus heiterem Himmel klingelte plötzlich mein Handy. Wieso immer, wenn es gerade am Schönsten ist.

Ich ließ sie los. Amelie fiel auf den Boden und atmete schwer. Da hatte ich wohl doch etwas zu fest zugedrückt. Ich ging an mein Handy. Ich hörte die fröhliche Stimme meiner Tante Samara, welche gute Nachrichten zu verkünden hatte. Anscheinend ist sie schwanger. Ich gratulierte ihr und versprach, sie zu ihrem Termin bei der Gynäkologin zu begleiten. Dann legte ich auf.

Nachdem Amelie wieder zu Atem gekommen war, stand sie auf und sagte: „Du bist doch wahnsinnig."

Niemand nennt mich „wahnsinnig." So kam es dann, dass ich Amelie mit der Faust ins Gesicht schlug. Sie schrie so laut vor Schmerzen. Aber danach wurde sie endlich still. Ganz still.

„Willst du jetzt immer noch zum Direktor?"

Amelie schaute mich an. Total eingeschüchtert. Sie kniff ein Auge zusammen und traute sich anscheinend noch nicht einmal zu weinen. Sie schüttelte mit dem Kopf. Ich hatte es wohl mal wieder etwas übertrieben. Wir werden bestimmt keine Freunde mehr.

Kapitel 5

Am darauffolgenden Wochenende war es dann endlich soweit. Ich würde nun mal wieder einen meiner Lieblingsmenschen besuchen, bei dem es sich um niemand geringeren als meinen Onkel Mingo handelt. Er lebt mit meiner Tante Samara und meiner Cousine Leda in einer äußerst geräumigen Wohnung in München. Das liegt zwar von dem Standpunkt unseres Hauses betrachtet nicht gerade um die Ecke, aber die lange Zugfahrt lohnt sich allemal. Levi muss dieses Wochenende allein mit meiner Familie vorliebnehmen. Ich nahm mir meinen Onkel, seit ich ein kleines Mädchen war, zum Vorbild. Er hat alles erreicht im Leben, was er wollte. Er hat es geschafft seinem Traum nachzugehen und diesen zu verwirklichen, der erfolgreichste und angesehenste Matheprofessor an der Universität von München zu werden. Die Menschheit kann wirklich ungelogen von seinem Wissen profitieren, so wie ich es bei unseren Gesprächen immer tue. Ich hoffte, dass ich eines Tages so klug und so glücklich werde wie er. Weiterhin hat er seine Traumfrau geheiratet und eine bezaubernde Tochter bekommen, die ich sogar eher als Schwester und nicht als meine Cousine ansehe. Nun würde Leda doch noch ein Geschwisterchen und ich noch eine Cousine oder einen Cousin dazubekommen, obwohl meine Tante bereits 42 ist. Ich weiß, dass viele Menschen nichts von einer Schwangerschaft mit über vierzig Jahren halten, aber für mich ist es total akzeptabel und ich freue mich für sie. Sie hatte sich immer zwei Kinder gewünscht und nun würde ihr

Wunsch doch noch in Erfüllung gehen. Wie aufregend. Ich erinnere mich noch genau daran, als meine Mutter vor ungefähr drei Jahren mit Oliver schwanger wurde und sie eher nicht so begeistert davon war.

Die Zugfahrt war überraschend angenehm. Ich lehnte mich in meinem Sitz zurück, steckte mir Kopfhörer in die Ohren und schloss die Augen. Das war Entspannung pur. Ich versuchte einfach an nichts zu denken. Nicht an mich selbst, nicht an meinen Freund und schon gar nicht an meine Schuldgefühle. Während dieser Zugfahrt sollte es nur das Lauschen der Musik sein, das mich beschäftigt. Als ich schon fast eingenickt bin, ja ich schien etwas müde zu sein, merkte ich, wie jemand mit seinen Fingern vor meinem Gesicht schnipste. Also ich glaubte es zu mindestens. Hören konnte ich es auf keinen Fall, da die Musik mich von den Geräuschen der Außenwelt abschottete. Ich öffnete die Augen und sah Nelly vor mir stehen. Man sah die wütend aus. Holla die Waldfee. Ich nahm die Kopfhörer aus den Ohren und schaute ihr direkt in die Augen.

„Du hast mir gar nicht zugehört oder?", fragte sie hysterisch.

Ich starrte bloß weiter in ihre Augen. Betrachtete ihre schönen Locken. Musterte sie von oben bis unten. Das war's. Mehr tat ich nicht. Ich kann einfach nicht mehr. Ich weiß, dass ich mich bei ihr entschuldigt habe und mir vorgenommen hatte, netter zu ihr zu sein. Aber es geht einfach nicht. Ihre ständige Anwesenheit macht mich krank. Also lehnte ich mich wieder zurück, steckte meine Kopfhörer wieder an ihren Platz, lehnte mich zurück und schloss die Augen. Ich genoss weiterhin die Musik. Ich blendete Nelly aus.

Nach ein paar Minuten öffnete ich die Augen erneut und Nelly stand nach wie vor bei mir.

„Hilfe, schrie sie, Hilfe Ketha, ich ertrinke."

Ich konnte ihre Stimme trotz der hohen Lautstärke der Musik hören. Sie hörte nicht auf zu schreien. Ihre Schreie quälten mich. Reicht es ihr nicht, mir das Schlafen jede Nacht zur Hölle machen zu müssen, muss sie mich jetzt auch schon im wachen Zustand damit quälen. Ich fing an zu zittern. Es würde nicht lange dauern, bis ich anfangen würde zu weinen. Ohne, dass ich das möchte. Mir wurde kalt. So kalt wie vor einem Jahr. Als es schneite. An meinem Geburtstag. Und da war sie. Die erste Träne.

„Hilfe", schrie sie, „Hilfe Ketha, ich ertrinke.

Immer und immer wieder. Nicht zu vergessen, wieder und wieder. Ich presste die Augen zusammen. Bis es wehtat. Ich wollte, dass sie endlich verschwindet. Dass es endlich aufhört, aber das tat es nicht. Sie quälte mich bis zum Ende der Zugfahrt.

Ganz verheult stieg ich mit meinem Koffer in der Hand aus. Ich zitterte immer noch am ganzen Leib. Als ich Samara und Leda am Bahnsteig entdeckte, drehte ich mich kurz um, wischte mir die Tränen mit dem Ärmel meiner Winterjacke aus dem Gesicht und legte ein leichtes Lächeln auf. Sie sollten sich wegen mir keine Sorgen machen müssen.

„Hey Ketha", sagte meine Cousine und umarmte mich.

„Hast du etwa geweint?", wollte meine Tante von mir wissen. Was sollte ich ihr bloß antworten? Lüge Ketha. Lüge einfach. Das sagte mir die Stimme in meinem Kopf. Aber wollte ich das auch? Möchte ich die Menschen in meinem Umfeld immer wieder belügen, wenn es um meinen Gesundheitszustand geht? Die Antwort war ein klares „Ja möchte ich". Jedenfalls vorerst. Eines Tages werde ich die Wahrheit sagen können. Eines Tages werde ich mich dazu bereit fühlen. Eines Tages werde ich mich davon befreien.

„Nein, ich habe nicht geweint. Mir geht es sehr gut und ich freue mich, euch endlich wieder zu sehen."

Samara lächelte. „Wir freuen uns auch, dass du endlich da bist. Ich bin ehrlich gesagt etwas nervös, was den Besuch beim Frauenarzt morgen betrifft."

Wir machten uns auf den Weg in Richtung Casa de Fasmier. Die Wohnung meiner Verwandten liegt nicht weit vom Hauptbahnhof entfernt und so konnten wir sie bequem zu Fuß erreichen.

„Du hast das doch schon einmal durchgemacht, bei der Geburt von Leda."

So nervös kannte ich meine Tante gar nicht. Sie ist ein sehr bodenständiger und selbstbewusster Mensch. Vor einigen Jahren hat sie ihren alten Job als Finanzberaterin in den Sand gesetzt, um ihre eigene Kunstgalerie zu eröffnen. Ich erinnere mich noch ziemlich genau daran, als sie meinen Eltern von diesem Vorhaben erzählte und mein Vater ihr natürlich ganz klar davon abgeraten hat. Er stützte seine Meinung mal wieder auf der Tatsache, dass es einfach zu riskant sei, seine Kunst zu verkaufen, da man ja nicht einfach davon ausgehen kann, dass diese auch verkauft werden würde. Typisch mein Vater eben. Aber er irrte sich gewaltig. Die Kunstgalerie meiner Tante ist eine der Schönsten, die ich je gesehen habe. Ihre Kunst ist so interessant und aussagekräftig, sodass sie auch von sehr vielen Kunstliebhabern geschätzt und gekauft wird. So hat sie sich auch ihren Traum erfüllt. Man muss jedoch auch bedenken, dass sie mit sehr großem Talent gesegnet wurde. Wenn ich erwachsen bin, dann würde ich gerne Schriftstellerin werden und meine Werke verkaufen.

Meine Tante nickte. „Ja, das stimmt schon, aber das ist bereits 11 Jahre her."

Ich konnte ihre Nervosität verstehen. Ich war zwar noch nie schwanger, aber egal wie oft man eine Schwangerschaft schon durchlebt hat, jedes Mal ist es anders. Jedes Mal ist man nervös und fragt sich, ob es dem Baby im Bauch auch gut geht und alles in Ordnung ist. Bei dem morgigen Termin wollen wir zuallererst die Schwangerschaft vom Frauenarzt bestätigen lassen, da Schwangerschaftstest nicht hundertprozentig zuverlässig sind. Meine Mutter hat insgesamt drei Schwangerschaftstests durchgeführt, die alle negativ ausgefallen sind, obwohl sie mit Oliver schwanger war.

Als wir an der Wohnung ankamen, öffnete mein Onkel uns die Tür. Er schien ziemlich beschäftigt zu sein, da er uns noch nicht einmal begrüßte. Beim Betreten der Wohnung roch es nach Essen. Im positiven Sinne. Meine Cousine und ich brachten zuallererst meinen Koffer in ihr Zimmer. Normalerweise schlafe ich bei meinen Besuchen immer im Gästezimmer, aber das war schon leergeräumt. In ein paar Monaten wird in diesem Zimmer ein Baby schlafen. Dann gingen wir in die Küche. Mein Onkel machte Lasagne. Wie schön. Neben Mathe war das Kochen ein weiteres Talent von Mingo. Wenn man einmal sein Essen gekostet hat, möchte man danach nie wieder etwas Anderes essen. Daher sollte sich meiner Meinung nach jeder Mensch, der sich vor dem Probieren seines Essens seiner Kochkünste bewusst ist, nicht von ihm bekochen lassen. Egal was dieser Mensch danach zu sich nimmt, es wird nicht mehr so gut schmecken wie zuvor. Man vergleicht es dann nämlich immer wieder mit Mingos Essen. Seitdem ich denken kann, stellt sich mir die Frage, wieso er so atemberaubend gut kochen kann. Er hat nie eine Ausbildung zum Koch angefangen und war somit noch nie in einer Kochschule. Er hat auch an keinen Kochkursen teilgenommen. Manches kann man eben nicht erklären.

„Hallo Ketha", sagte mein Onkel während er sich Backofenhandschuhe überzog und die Lasagne aus dem Ofen holte. Wie gut das duftete. Ich konnte die Lasagne schon förmlich schmecken. Ich konnte es echt kaum erwarten. Meine Tante deckte noch schnell den Esstisch und dann setzten wir uns alle. So muss das sein. Ich kann gar nicht mit Worten beschreiben, wie gut mir die Lasagne schmeckte.

„Wie war die Zugfahrt?", fragte mich mein Onkel, während er sich bereits Nachschlag nahm. Nachdem ich aufgekaut hatte, gab ich ihm zur Antwort: „Ja sehr angenehm. Es waren nur sehr wenige andere Passagiere im Zug."

„Das wird sich in den Weihnachtsferien bestimmt ändern, wenn wieder alle wegfahren, um ihre Familien zu besuchen."

Die Weihnachtsferien hatte ich ja komplett vergessen.

Nach dem mehr als großartigen Essen, ach diese Worte beschreiben es nicht einmal annähernd, ging ich mit Leda in ihr Zimmer. Dort stellte ich sie dann zur Rede. Sie hatte seit meiner Ankunft kaum ein Wort mit mir gewechselt, was ich überhaupt nicht von ihr kenne.

„Ist alles okay bei dir, normalerweise bist du nicht so still", hob ich an. Wir setzten uns auf ihr Bett.

„Mir geht es gut, aber ich mache mir etwas Sorgen wegen dem Baby."

„Dem Baby wird es bestimmt gut gehen, versuchte ich sie zu beruhigen."

Meine Cousine stand auf. „Das meine ich doch gar nicht. Ich habe mir nie eine Schwester oder einen Bruder gewünscht. Ich bin glücklich, so wie es jetzt ist. Wenn das Baby erst mal da ist, werden meine Eltern nur noch Augen für das Baby haben und mich bestimmt vergessen."

Daher weht der Wind also. Sie sah echt sehr traurig aus. Ich musste mir somit ganz genau überlegen, was ich ihr antworte. „Ich kann dich verstehen." Ich nahm meine Cousine fest in den Arm. „Natürlich wird sich einiges verändern und das Baby wird eine Menge Aufmerksamkeit brauchen. Aber so wie ich deine Eltern kenne, werden sie dich nicht vernachlässigen. Nur weil sie noch ein Baby bekommen, heißt das nicht, dass sie dich weniger liebhaben. Vor allem bedeutet das nicht, dass ich dich dann weniger liebhaben. Du bleibst für immer wie eine Schwester für mich."

Meine Cousine lächelte.

Den Rest des Abends kuschelten wir uns unter eine Decke und guckten einen Film. Ich fragte mich, was Levi wohl gerade so macht.

Der nächste Tag begann mit einer Menge Schnee. Die ganze Nacht über hatte es geschneit. Ich schaute aus dem Fenster der Straßenbahn. Samara und Leda ebenfalls. So viel Schnee. Ich freue mich einfach. Bei jedem Schneefall. Die Nervosität war meiner Tante jetzt schon ins Gesicht geschrieben. Wie sollte es denn erst aussehen, wenn wir im Behandlungszimmer sind. Mein Onkel kann bei dem Termin leider nicht dabei sein, da er heute eine sehr wichtige Vorlesung in der Uni halten muss. Aber ich werde heute nicht von der Seite meiner Tante weichen. An der nächsten Station stiegen ein paar Jugendliche ein. Etwa in meinem Alter. Vielleicht auch etwas älter. Sie schienen stark alkoholisiert zu sein, da sie kaum stillsitzen, geschweige denn stehen konnten. Sie taten mir irgendwie leid. So viele Menschen übertreiben es einfach maßlos, was das Trinken betrifft und verbauen sich dadurch ihre ganze Zukunft. Ich kann das nicht nachvollziehen. Aber ich trinke auch nicht. Nicht, dass ich noch nie etwas getrunken hätte, aber ich habe mich ganz bewusst dagegen entschieden. Anders als Levi. Er trinkt meine ich immer noch. Einmal angefangen, kann man eben nicht mehr aufhören. Ich wünsche mir so sehr, dass er das irgendwann in den Griff bekommt. Dann kam mir plötzlich eine Idee. Eine gute Idee. Levi muss unbedingt mit zu meiner nächsten Therapiestunde kommen. Vielleicht kann Doktor Van Help ihm dabei helfen, wieder glücklich zu werden. Ich kann zwar nicht behaupten, dass ich durch ihre Hilfe wunschlos glücklich geworden bin, aber es tut sehr gut mit jemandem reden zu können, der dir zuhören muss. Seit meinem letzten Geburtstag habe ich mich ziemlich verändert. Ich fühlte mich so wertlos wie noch nie zuvor.

Ich hatte die Nase gestrichen voll. Mir fiel die Decke auf den Kopf. Seitdem Ketha gestern zu ihrem Onkel gefahren ist, ist mir so verdammt langweilig. Ich meine, mit wem soll ich mich denn bloß unterhalten. Mit der schrägen Tussi, die am Schreibtisch im Wohnzimmer an ihren Artikeln für die Zeitung arbeitet oder mit dem langen Lulatsch, der gerade mit seinem Chef telefoniert. Kethas Eltern sind schon merkwürdig. Außerdem werde ich das Gefühl einfach nicht los, dass sie mich nicht leiden können. Ich kann das schon nachvollziehen. Ich bin zwar nicht der große Hauptgewinn, aber ich sorge mich sehr um meine Freundin. Keiner von ihnen kann behaupten, dass ich nicht wenigstens versuchen würde, mich anzupassen.

Gestern beim Mittagessen habe ich sogar versucht, mich mit Kethas Mutter zu unterhalten, aber die hat mich eiskalt ignoriert, bis sie mir dann gesagt hat, dass wir uns nicht unterhalten müssen, nur weil ich jetzt hier wohne. Das war dann echt die Spitze des Eisbergs. Dennoch sollte ich dankbar sein. Dafür, dass ich überhaupt hier wohnen kann. Ich dachte immer, dass Kethas Familie toleranter und herzlicher wäre. Dem scheint aber nicht so. Als Ketha und ich noch zusammen zur Grundschule gingen, war ich total eifersüchtig auf ihre Familie. Sie schien so perfekt zu sein, im Gegensatz zu meiner. Bei uns Zuhause gab es immer Streit. Jedes Jahr wurde es mit meinem Vater schlimmer. Jedes Jahr kamen wir dichter zur Hölle. Aber das gehört jetzt der Vergangenheit an. Jetzt bleibe ich bei Ketha. Ich saß gerade auf dem Bett im Gästezimmer, als Lou zu mir ins Zimmer kam. Sie sprang aufs Bett und legte sich zu mir. Ihren Kopf legte sie auf meinen Schoß. Ich streichelte sie. Ich wünschte, sie könnte mir sagen, was ich machen kann. Sonst zähle ich einfach die Minuten, nein die Sekunden, bis meine Freundin nach Hause kommt. Mein Gott, ist das langweilig. Ich könnte mit Lou spazieren gehen. Ich könnte. Aber rausgehen wollte ich auch nicht. Also stand ich auf und ging in Kethas Zimmer. Keine Ahnung wieso. Bestimmt, weil ich sie schon schrecklich vermisste. Ich legte mich auf ihr Bett. Ihr Zimmer ist wirklich sehr schön. Sehr mädchenhaft, aber trotzdem schön. Alles passt so gut zusammen. So mädchenhaft, wie es auf den ersten Blick schien, war es dann doch nicht. Als ich mich auf ihr Kopfkissen legte, musste ich feststellen, dass es sich sehr weich anfühlte. Viel zu weich. Also öffnete ich den Kopfkissenbezug. Hätte ich das mal lieber gelassen. Besser, ich wäre nicht in ihr Zimmer gegangen. Denn seit diesem Tag sehe ich sie mit ganz anderen Augen. In ihrem Kopfkissenbezug war kein hartes Kissen. Oder überhaupt ein Kissen. Ich schüttelte mit dem Kopf. Ich seufzte. Ich wollte es nicht glauben. Der Bezug war voller Haare. Voller hellbrauner Locken. Das war definitiv nicht normal. Ich zerrieb die Haare mit meinen Fingern. Sie waren so unheimlich weich. Irgendetwas scheint mit Ketha nicht zu stimmen. Ich packte die Haare zurück in den Bezug und verschloss ihn wieder. Dann fiel mir etwas auf, dass ich vorher noch gar nicht bemerkt hatte. Da klebte etwas an ihrem Schrank. Nein, das kann doch nicht wahr sein. Es sah aus wie Blut. Mal ehrlich Ketha. Wieso klebt Blut an deinem Schrank? Ich bückte mich und fand noch weitere Blutspritzer auf dem Laminat. Es könnte sich auch um Farbe handeln, aber tief in meinem Inneren wusste ich, dass es keine Farbe war. Ich schüttelte mich. Während ich mich gebückt hielt, fiel mein Blick auf zwei Kisten, die unter dem Bett standen. Normalerweise macht man sowas nicht. Man geht nicht in das Zimmer seiner Freundin und schnüffelt. Aber ich war so neugierig. Unter ihrem Bett war nichts. Bis auf diese Kisten. Ich konnte einfach nicht anders. Ich muss wissen, was da drin ist. Also schloss ich leise die Zimmertür und öffnete eine der Kisten. Diese war randvoll mit Barbiepuppen. Sie waren allesamt nackt und es fehlten die Köpfe. Allmählich bekam ich echt Angst. Die nackten Körper der Puppen sahen halb verbrannt aus, als hätte Ketha absichtlich Löcher hineingebrannt. Ich versuchte einen klaren Kopf zu behalten. Bestimmt hat sie das nur aus Langeweile getan. Ich verschloss die Kiste wieder und schob diese zurück unters Bett. Danach schaute ich in die andere. In dieser befanden sich überraschenderweise nur die Köpfe der Barbiepuppen. Die Augen waren mit einem schwarzen Edding durchgekreuzt und sie sahen wie tot aus. Weiterhin viel mir auf, dass alle dieser Puppen hellbraune Haare haben. Das kann doch kein Zufall sein, da in ihrem Kopfkissenbezug auch ausschließlich hellbraune Haare zu finden sind. Ich schob auch diese Kiste wieder unter Kethas Bett. Ich wusste gar nichts mehr. Ich setzte mich zurück auf ihr Bett. Ja, ich bekam Angst. Was ist, wenn Ketha eine kranke Psychopatin ist. Das wollte ich einfach nicht wahrhaben. Sie ist doch so unglaublich nett. Ein paar Haare und ein paar misshandelte Puppen bedeuten doch gar nichts. Ich sollte zuerst mit ihr sprechen, bevor ich durchdrehe. Seit diesem Fund sah ich sie dennoch mit anderen Augen. Irgendetwas scheint hier nicht zustimmen und ich werde herausfinden, was es ist. Ihre Schubladen aufzumachen oder in ihre Schränke zu schauen, traute ich mich dennoch nicht. Wer weiß, was dort zu finden ist.

„Levi wo bist du, wir haben Pizza bestellt, möchtest du auch etwas?", brüllte der lange Lulatsch plötzlich und ich bekam einen Schrecken.

Mist, dachte ich mir. Er soll doch nicht mitbekommen, dass ich allein in Kethas Zimmer war. Es führte jedoch kein Weg daran vorbei.

Also öffnete ich langsam die Tür und antwortete: „Ja, ich komme."

Kethas Vater stand auf der Treppe mit einem Pizzastück. Es schien ihn gar nicht zu jucken, was ich den ganzen Tag so treibe. Soll mir recht sein.

Die Warterei zog sich hin. Ich wippte auf meinem Stuhl hin und her. Vor und zurück. Aber die Zeit wollte einfach nicht vergehen. Meine Tante schob ihre Brille weiter auf die Nase und las Zeitung. Ich lese auch unheimlich gerne. Aber nicht jetzt. Ich spürte, wie die Nervosität in mir aufstieg. Ich war einfach so gespannt, was die Ärztin sagen würde. Nach einer gefühlten Ewigkeit wurden wir dann endlich aufgerufen und konnten ins Behandlungszimmer gehen.

Doktor Braun, so heißt sie laut ihres Namensschildes; schüttelte jedem von uns die Hand. Zuerst stellte sich meine Tante kurz vor. Danach sollte ihr Blut abgenommen werden. Während der Blutabnahme schaute mich meine Cousine verdutzt an und fragte: „Wieso wird meiner Mutter Blut abgenommen?" Die Ärztin wollte ihr antworten, doch ich fiel ihr gekonnt ins Wort. „Der Nachweis eines bestimmten Hormons, nämlich des humanen Choriongonadotropin gibt die hundertprozentige Gewissheit über die Schwangerschaft an."

Doktor Braun wirkte überrascht und fragte mich, woher ich das wüsste.

Ich berichtete ihr dann von der letzten Schwangerschaft meiner Mutter, bei welcher ich sie ebenfalls zu einigen Terminen begleitet habe.

Nach der Blutabnahme mussten wir uns wieder ins Wartezimmer setzen und warten. Warten und nochmal warten auf das Ergebnis. Ich ging kurz darauf zur Toilette. Während des anschließenden Händewaschens blickte ich in den Spiegel. Spiegel können so gemein sein. Sie können aber nichts dafür. Sie zeigen uns die ungeschminkte Wahrheit unseres selbst. Eigentlich mochte ich es immer in den Spiegel zu schauen und dabei zu lächeln. Mittlerweile vermeide ich es so gut es geht. Ich ertrage meinen Anblick im Spiegel nicht mehr. Nicht nachdem, was ich getan habe. Ich habe mir immer gesagt, alles ist okay, solange du noch mit einem ehrlichen Lächeln in den Spiegel schauen kannst. Das kann ich jedoch nicht mehr. Es geht einfach nicht. Die Augen, die mich anstarren, machen mir manchmal Angst. Es macht mir Angst, dass es meine Augen sind.

Nachdem wir wieder ins Behandlungszimmer gerufen wurden, hatten wir endlich Gewissheit. Meine Tante würde in geraumer Zeit ein Baby auf die Welt bringen. Ich freute mich von ganzem Herzen für sie. Sogar Leda schien sich jetzt für ihre Mutter zu freuen. Wie schön. Da Samara sogar schon im dritten Monat schwanger war, konnte Doktor Braun uns schon das Geschlecht des heranwachsenden neuen Lebens mitteilen. Gott, war das aufregend! Während der Tastuntersuchung auf der Bauchdecke klärte die Gynäkologin meine Tante über die schädlichen Auswirkungen von Alkohol und Rauchen auf, obwohl sie dies bereits wusste. Es war ja schließlich nicht ihre erste Schwangerschaft. Trotzdem mussten wir uns alles noch einmal anhören. Als wir das Baby das erste Mal sehen konnten, obwohl man noch nicht gerade viel erkennen konnte, kamen meiner Tante die Tränen. Es war so ein schöner Moment. Nicht nur für sie, für uns alle. Ungefähr in sechs Monaten wird die kleine Estelle zur Welt kommen. Ja, Leda hatte ihr bereits einen Namen gegeben.

Sonntag schlief ich aus, ging mit Lou spazieren und telefonierte mit meiner Mutter. Es war ein sehr langes Telefonat. Sie wollte natürlich von mir wissen, wie es mir geht und ob ich glücklich bin. Ich erzählte ihr, wie glücklich ich mit Ketha bin und wie sehr sie mir bereits ans Herz gewachsen ist. Meine Mutter entschuldigte sich gefühlte Tausendmal, obwohl sie keine Schuld traf. Natürlich hätte sie sich früher von meinem Vater trennen können, aber ich konnte ihre Angst nachvollziehen. Mein Vater ist ein sehr gewalttätiger Mensch, den ich einfach nur noch abgöttisch hasse. Meine Mutter vermisse ich schon. Auch wenn ich das niemals zugeben würde. Monika Ziegler hat immer alles für mich gegeben.

Obwohl ich mich anfangs nicht getraut habe, schaute ich in Kethas Schränke. Die Neugier hatte mich gepackt wie ein Adler eine Maus und ich konnte nicht widerstehen. Neben zahlreichen Büchern fand ich zahlreiche Schuhe. Daran schien nichts ungewöhnlich zu sein. Ich spürte ein Gefühl der Erleichterung. Als ich mir die Schuhe genauer ansah, musste ich feststellen, dass es sich bei ihnen ausschließlich um Herrenschuhe handeln muss. Na ja, wir haben ja alle seltsame Vorlieben. Nach genauerem Nachdenken kann ich mit Ketha nicht darüber sprechen. Ich kann sie nicht fragen, was das hier alles zu bedeuten hat. Sie würde bestimmt sehr enttäuscht sein, wenn sie herausfinden würde, dass ich ihr komplettes Zimmer auf den Kopf gestellt habe. Es tat mir in der Seele weh, sie hintergangen zu haben.

Kapitel 6

„Wie war es bei deinem Onkel?" Levi sprach mit vollem Mund. Ekelig aber total süß.

„Es war sehr schön, ihn wiederzusehen."

„Schön schön." Levi legte seinen Arm um mich.

Seine Kaugeräusche störten mich nicht im Geringsten. „Möchtest du auch etwas von meinem Müsliriegel?"

Ich schaute in seine Augen und sagte mit einem Lächeln: „Nein danke. Ich habe heute Morgen schon sechs zum Frühstück gegessen."

„Ach stimmt ja." Levi gab mir einen Kuss auf die Stirn. Mit vollem Mund. Das ist erwähnenswert.

Amelie betrat das Klassenzimmer. Autsch. Ihr Gesicht sah alles andere als hübsch aus. Ich überlegte. Hast du Schuldgefühle Ketha? Hast du? Hast du. Ich grinste. Ne hab' ich nicht, antwortete ich der Stimme in meinem Kopf. Die Kleine hatte es schließlich verdient.

„Was ist der denn passiert?" Mein Freund sah schockiert aus. Schon komisch. Ich dachte, er würde lachen. Wieso lacht denn niemand? Schade. Das hätte mir gefallen.

„Sieht aus, als hätte sie sich geprügelt und jämmerlich verloren." Ich konnte mir mein Lachen nicht verkneifen. Wieso versuche ich das überhaupt noch. Funktioniert doch sowieso nie.

„Wieso lachst du? Das ist ganz schön unfair Ketha."

„Wieso?"

Levi nahm seinen Arm von mir. „Sie hat bestimmt starke Schmerzen. Das kannst du doch nicht ernsthaft lustig finden."

„Darüber lache ich doch gar nicht." Ich legte meine Hand in seine und hielt sie fest. „Ich habe dich lieb", flüsterte ich in sein Ohr.

„Ich habe dich doch auch lieb." Seine Augen funkelten. Levi legte wieder seinen Arm um mich und ich lehnte mich gegen seine Brust.

Wann fängt denn endlich der Unterricht an. Nicht, dass ich mich darauf freuen würde.

„Willst du sie nicht mal fragen, was los ist?"

Meiner Meinung nach muss das nicht unbedingt sein. Ich glaube nicht, dass ihr das gefallen würde.

„Ja klar. Mache ich doch gerne."

Ich gab Levi einen Kuss und stand auf. Ich ging zu ihrem Tisch. Freudestrahlend. Sie saß allein da. Ihre Haare sahen etwas zerzaust aus. Sie schaute gerade in unser Mathebuch, als ich vor ihrem Tisch stehen blieb.

„Hallo Sonnenschein", sagte ich und nahm ihr das Mathebuch weg.

Amelies Blick schien ins Leere zu führen. Bleib stark Ketha, ermahnte ich mich. Stark wie ein Bär. Ein niedlicher kleiner Bär. Nicht abschweifen.

„Rede mit mir."

Amelie rollte eine Träne über die rechte Wange. Oh nein. Da kommen sie. Ich legte das Mathebuch zurück auf ihren Tisch. Dann krabbelte ich unter dem Nebentisch durch auf die andere Seite. Ich stand neben ihr. Lauschte ihrem Atem und sah wie sie zitterte. Ich umarmte sie. Ich spürte ihre Angst. Sie heulte mir meinen Pullover voll. Aber ich ließ sie nicht los.

„Vergib mir", flüsterte ich ihr zu.

„Lass mich los. Ich flehe dich an. Lass mich los."

Ja, fleh mich an. Es ist so schön seinen Willen zu bekommen. „Na geht doch. Warum nicht gleich so?"

Ich ließ sie los und ging ein paar Schritte zurück als ich plötzlich mit jemandem zusammenstieß.

„Pass doch auf."

Ich drehte mich um. Was für eine Überraschung. Der Kinojunge.

„Oh du bist es Ketha."

Ich lächelte leicht. „Ja, ich bin es. Erkennst du mich etwa nicht mehr?"

Milan zog mich am Arm. „Ehrlich gesagt nicht. Ich muss unbedingt mit dir reden."

„Jetzt? Der Unterricht beginnt doch gleich."

„Nein Frau Kornmann ist krank. Komm mit mir."

Amelie weint und kein Matheunterricht heute. Das könnte ein großer Tag für mich werden.

„Ich hasse Mathe."

„Das wollte ich gar nicht wissen, komm einfach mit mir." Milan hielt mich fest und schob mich währenddessen Richtung Tür. Nein, was machst du mit mir. Ich möchte nicht mit dir gehen. Währenddessen sah ich wie sich Levi mit Tyler und Mohammed unterhielt und es anscheinend gar nicht bemerkte, wie seine Freundin das Klassenzimmer verließ. Milan ging mit mir in ein leerstehendes Klassenzimmer im ersten Stock, in dem er meinen Arm dann endlich losließ. Ich machte die Tür hinter uns zu.

„Du wirst mich nie wieder festhalten." Ich holte kräftig aus und schlug Milan mitten ins Gesicht.

„Was sollte das denn?" Seine Nase fing an zu bluten.

„Du hast da etwas", sagte ich mit breitem Grinsen und überraschend guter Laune.

Milan stand direkt vor mir und sagte: „Ich möchte doch bloß mit dir sprechen."

Komm mal bitte auf den Punkt. Ich habe nicht ewig Zeit.

„Ich war neulich bei dir Zuhause und einer meiner besten Freunde hat mir die Tür geöffnet. Er hat behauptet, dass er bei dir wohnen würde." Darum geht es also. Ich habe ihm wehgetan. Mit seinen Gefühlen gespielt. Egal.

„Ich wusste nicht, wie ich es dir hätte am besten sagen können. Glaub mir, ich möchte dir nicht wehtun."

„Das habe ich gemerkt", sagte Milan und wischte sich das Blut von der Nase.

„Soll ich dir ein Taschentuch holen?"

Milan nahm mich an den Händen und lachte. „Ich hatte noch nie zuvor Nasenbluten. Ich schätze, es war Zeit für mein erstes Mal."

Ich lachte. So einen ehrlichen und lieben Jungen werde ich nie wiederfinden. Ich ließ seine Hände los und setzte mich auf einen Stuhl.

„Ich hatte auch noch nie Nasenbluten."

Ich weiß, das könnte jetzt für den einen oder anderen überraschend sein.

„Schlag mich."

Milan setzte sich zu mir und schaute mich verdutzt an. „Was hast du gesagt?"

Hört er mir denn gar nicht zu? Das ist ganz schön enttäuschend. Sogar für mich.

„Schlag mich. Bitte."

Milan ließ etwas Zeit verstreichen bevor er antworte: „Das kann ich nicht. Ich liebe dich doch."

So unglaublich dumm. Aber unglaublich süß der Junge.

„Dann schlag mich halt nicht. Aber das macht mich schon etwas traurig."

„Hätte Levi dich geschlagen?"

Wow. Was für eine gute Frage. Das ist eine von den Fragen, auf die ich keine Antwort weiß. Eine von den vielen Fragen, auf die ich keine Antwort weiß.

„Du wolltest also bloß wissen, ob Levi und ich ein Paar sind und ob er bei mir wohnt?"

Milans Pullover war schon mit ein paar Blutflecken übersäht. So langsam gefällt mir das hier.

„Ja genau das wollte ich wissen."

„Wir sind ein Paar und er wohnt bei mir."

Obwohl Milan die Antwort bestimmt bereits kannte, sah er enttäuscht aus. Entweder kam es mir nur so vor oder er ließ wirklich den Kopf hängen. Was weiß ich schon.

„Da gibt es noch etwas, dass du für mich tun musst."

Das Wort „musst" gefällt mir in diesem Satz nicht. In keinem Satz. Ich kann mir nicht vorstellen, dass es überhaupt irgendjemandem gefällt.

„Als wir im Kino waren, wollte ich dich küssen."

Die Stimmen in meinem Kopf lachten. Ich glaube sie lachten mich aus.

„Hört auf damit!" Ich stand mit Schwung auf und hielt mir meine Hand vor die Stirn.

„Was hast du gesagt?" Milan schaute mich erwartungsvoll an. Genau, was hatte ich gesagt. Sie lachten weiter. Schriller als sonst. Sie könnten mich zufriedenlassen. Sie sind wie ich. So nervig. Wenn es dieses Wort überhaupt annähernd beschreibt. Ich wusste was sie wollten.

„Ihr seid so verdammt hinterhältig. Ich liebe euch."

Milan starrte mich mit fragendem Blick an. Ich setzte mich auf seinen Schoß. Was blieb mir anderes übrig. Ich küsste den Kinojungen und der Kinojunge küsste verdammt gut. So gut, dass ich gar nicht aufhören wollte. Er auch nicht. Bitte nur noch ein paar Sekunden. Ich schmeckte zwar sehr viel Blut, aber das war definitiv der beste Kuss, den ich bis zu diesem Zeitpunkt erlebt hatte. Trauriger weise, denn Levi küsst mich ständig.

„Das war echt unbeschreiblich."

„Ja das war es."

Ich kniff Milan in die Wange. Kurz darauf verließ ich das Zimmer. Glücklicher, als ich es betreten hatte.

Als ich die Treppe hinunterging, kam mir Sabrina entgegen. „Da bist du ja. Dein Freund sucht dich schon überall."

Ich schaute auf den Boden.

„Wo warst du überhaupt?"

„Ich war überall und nirgendwo."

„Weißt du, was bei Amelie los ist? Ihr Gesicht sieht ja schrecklich aus."

Was sollte ich bloß tun. Ich habe Lust auf Pizza. Mit extra viel Käse. Mir lief bei dem Gedanken das Wasser im Mund zusammen.

„Möchtest du die Wahrheit oder eine Lüge?"

Einen Moment mal. Worin würde denn eigentlich die Lüge bestehen?

„Die Wahrheit natürlich."

Natürlich. Die meisten von uns wählen die Langeweile.

„Ich habe Amelie gesagt, dass sie niemandem von dir und Herr Tenim erzählen soll. Aber sie wollte unbedingt zum Direktor. „Dann hast du ihr wehgetan?"

Ich schaute weiterhin auf den Boden. Nicht weil ich mich schäme oder so. Nein, weil er frischgewischt wurde.

„Ja, ich habe ihr wehgetan."

Sabrina wollte etwas sagen, doch ich redete einfach weiter. Ich bin echt sowas von geschwätzig heute.

„Wie läuft es zwischen dir und Herr Tenim?"
„Kannst du bitte etwas leiser sprechen. Es soll doch niemand mitbekommen."
„'Tschuldigung."
„Bei uns ist alles gut. Er schenkt mir fast jeden Tag Blumen."

Ein echter Romantiker also. Hätte ich ihm nicht einmal in meinen Träumen zugetraut. Erst recht nicht dort. Die Pizza soll bloß nicht zu klein sein.

„Wir haben jetzt übrigens frei. Frau Kornmann ist krank." „Ja das weiß ich doch schon. Kannst du mir bitte etwas erzählen, dass ich noch nicht weiß."

Sabrina blieb stehen. Ich konnte Levi schon sehen.

„Woher weißt du das?"

Ich ließ Sabrina einfach stehen und ging zu meinem Freund. „Wo warst du?", wollte er von mir wissen.

„Ich habe mit Milan gesprochen."

Levi grinste und wuschelte durch meine Haare.

„Ich verstehe schon."

„Wir holen uns gleich Pizza."

Levi küsste mich. Nicht jetzt. Nein Ketha. Du vergleichst jetzt nicht. Hätte ich Milan doch bloß nicht geküsst. Hätte, hätte, Fahrradkette.

Ich las Zeitung, trank Kaffee und hörte währenddessen die Vögel zwitschern. Auf den ersten Blick ein typischer, gar klischeehafter Morgen. So könnte jeder Morgen sein. In der Zukunft. Versteht sich. Wenn Ketha erwachsen geworden ist. Aber das wird nie so sein. Ich weiß genau wo ich landen werde. Es ist nur noch eine Frage der Zeit. Eine Frage der Geduld. Auch das versteht sich. Levi liegt noch im Bett und schläft. Er besteht darauf mich heute zu Doktor Van Help zu begleiten. Wahrscheinlich macht er das nur, um sich vor der Schule drücken zu können. Oder eben, weil er mich wirklich liebt. Ich hoffe, dass er es tut. Ich hoffe, dass ich es tue. Ich versank tief in meinen Gedanken während ich schon wieder viel zu viel Kaffee trank. Was wäre, wenn er mich jetzt für verrückt hält? Oder noch schlimmer für wahnsinnig? Ich bekam Angst. Ich bin weder verrückt noch wahnsinnig. Noch nicht. Ich komme bloß nicht immer mit mir klar.

Das wird er sicher verstehen, flüsterte eine Stimme in meinem Kopf.

Eine andere flüsterte, dass er das nicht wird und wieder eine andere, dass er das Weite suchen wird.

Werdet euch mal bitte einig. Das kann doch nicht so schwierig sein.

„Na hast du gut geschlafen?"

Hm. Habe ich das? Eigentlich schon. Besser als sonst. An den Kaffee gewöhnt man sich halt.

„Ja besser als sonst. Hatte mal keine Albträume."

„Das freut mich."

Ich stellte die Kaffeetasse schwungvoll auf den Tisch.

„Tut es das wirklich?"

Ich spürte, wie die Wut langsam in mir hochkam.

„Wieso sollte mich das nicht freuen?"

Sie machte mich immer wütender und das war ihr bewusst. „Tief ein und ausatmen Ketha."

Ich wollte ihr alle Knochen brechen. Ihr die Augen auskratzen. Jedes einzelne ihrer langen, braunen Haare rausreißen. Aber das geht nicht. Also nahm ich meine Kaffeetasse vom Tisch und schmiss diese mit voller Kraft auf den Boden. Das Zerbrechen beruhigte mich ein wenig. Eine reichte mir nicht. Also öffnete ich einen unserer Schränke. Den Kaffeetassenschrank, falls man das so sagen kann. Ich warf jede Tasse einzeln auf den Boden. Jeder der will, kann mich dafür verurteilen, aber in meinen Augen tat ich das Richtige.

„Was ist denn das für ein Krach?"

Ich drehte mich um. Levi sah so verschlafen aus. Er gähnte. „Tut mir leid, dass ich dich geweckt habe."

„Was machst du denn hier?", wollte er von mir wissen.

Gute Frage. Schlechte Antwort.

„Ich mache gar nichts."

„Gar nichts, stelle ich mir aber anders vor", entgegnete Levi und sah mich schockiert an.

Wie lange ich ihn und mich wohl noch belügen kann. Es zerfrisst einen von innen. Ja wirklich! Ich hätte es mir auch anders gewünscht. Aber ich habe Geduld.

„Hilfst du mir wenigstens beim Zusammenfegen der Scherben?", fragte ich Levi vorsichtig.

Der nickte mit dem Kopf und schnappte sich einen Besen.

„Was ist denn bloß mit dir los?"

Ich begann in meinem Kopf nach einer Antwort auf seine Frage zu kramen. Ich bin schlau. Ich schaffe das.

„Ich bin wohl etwas nervös, weil du mich gleich zu meiner Psychologin begleiten wirst."

Ehrlich gesagt war das sogar nur halb gelogen. Ein Fortschritt also.

„Ja das macht Sinn", sagte Levi und stellte den Besen zur Seite. Dann nahm er mich in den Arm.

Eigentlich hatte ich keine besonders große Lust Ketha zu begleiten. Wer will sich denn auch schon freiwillig in die Höhle des Löwen begeben. Allerdings stehe ich nach wie vor aufs Ausschlafen. Da sieht man es mal wieder.

Die Faulheit siegt immer. Zumindest bei mir. Genauso wie die Tatsache, dass ich sie glücklich machen möchte.

In der Praxis von „Doktor Van ist mir auch egal" angekommen, konnte ich meinen dämlichen Augen kaum trauen. Ich war tatsächlich in der Hölle gelandet. Das Zimmer war hell, so hell, dass das Licht in meinen Augen brannte. Zu allem Überfluss roch es überall nach Schokolade. Widerlich. Wenigstens war die Couch bequem. Ich lehnte mich zurück und legte meinen Arm um Ketha. Sie war gerade damit beschäftigt sich ein Stück Schokolade nach dem anderen in den Mund zu stopfen. Ich muss zugeben, dass ich sie in dem Moment sehr viel weniger attraktiv fand. Kein Wunder, dass sie mir in letzter Zeit etwas fetter vorgekommen ist. Das werde ich ihr aber bei passender Gelegenheit etwas schonender beibringen. Die Psychologenstreberin hatte ihre Beine übereinandergeschlagen und wartete bis Ketha den ganzen Teller leergefuttert hatte. Man sie sah währenddessen schon wie ein Schwein aus.

„Da du jetzt aufgegessen hast, können wir anfangen."

Ketha leckte jeden ihrer Finger einzeln ab und sagte dann: „Wenn es denn sein muss."

Die Brillenschlange zückte ihren Kugelschreiber und lehnte sich zurück.

„Wie geht es dir denn in letzter Zeit?"

„Ganz gut, kann nicht klagen."

Ketha wippte hin und her. So unkonzentriert kannte ich sie gar nicht.

„Es wäre schön, wenn du dich etwas mehr konzentrieren würdest. Ich bin doch nur hier, um dir zu helfen."

Ketha seufzte. „Das ist mir bewusst, aber ich weiß doch bereits alles über mich. Dass ich unter Wahrnehmungsstörungen leide und daran arbeiten sollte."

„Das ist super. Darüber würde ich auch gerne bei der heutigen Sitzung mit dir sprechen. Dafür bräuchte ich bloß ein klitzekleines bisschen mehr Informationen von dir." Meine Freundin verdrehte die Augen.

„Mir geht es gut heute."

Sie zog mich am Arm. „Komm Levi, wir gehen."

Das konnte noch nicht alles gewesen sein. Ich habe noch keine Antworten auf meine Fragen bekommen. Das Gespräch war viel zu kurz.

„Ketha, wir haben doch noch gar nicht richtig angefangen." Was war los. Sie griff in mein T-Shirt und zog mich nach draußen bis auf den Parkplatz. Ich schätze manchmal muss ich sie nicht verstehen. Typisch Frau.

Kapitel 7

Heute war der Tag der Tage. Der Tag, dem ich nicht entgegengefiebert habe, der aber früher oder später hat kommen müssen. Der Tag, der mich ein Jahr älter machen würde. Der Tag, an dem ich vor genau einem Jahr meine beste Freundin verloren hatte. Ich wusste nicht, ob ich lachen oder weinen sollte. Das weiß ich sowieso nur selten, aber heute noch weniger als sonst. „Hilfe Ketha", hatte sie damals geschrien. Mich angefleht hatte sie. Panisch ist sie gewesen. Um ihr Leben gebettelt hatte sie. Und wieso? Ich versuchte die Gedanken aus meinem Kopf zu verbannen. So als hätten sie nie und nimmer existiert. Ich ignorierte die Stimmen in meinem Kopf. Sogar die Tränen, die langsam über meine Wange kullerten, versuchte ich nicht zu beachten. Ich weiß, dass es hart ist. Aber irgendwann wird das Ganze ein Ende haben. Eines Tages werde ich mich freuen. Ich betrachtete mich in meinem Spiegel. Ich sah so fertig aus. Fertig mit dieser Welt. Fertig mit meinem Leben. Da musst du jetzt noch durch Ketha, redete ich mir ein. Es wird leichter werden. Das weiß ich ganz genau. Meine Augen waren rot vom Weinen und ich fing an zu schluchzen. In diesem Moment ging die Tür auf. Ich erschrak.

Levi umarmte mich von hinten und verschränkte seine Arme vor meinem Bauch. Wir blickten zusammen in den Spiegel.

„Du bist so schön, musst du denn schon wieder alles mit deiner Heulerei ruinieren?"

Man könnte meinen, dass diese Frage von ihm böse gemeint war, aber dem war nicht so. Seine Stimme klang sanft und ruhig wie die eines Engels und beruhigte mich ungemein. Ich werde ihm nie zurückgeben können, was er für mich getan hat. Natürlich werde ich es versuchen. Er gibt mir so sehr das Gefühl wirklich geliebt zu werden.

„Tut mir leid, aber ich kann gerade nicht anders."

Levi gab mir einen Kuss auf die Wange. „Natürlich kannst du. Niemand sollte an seinem Geburtstag weinen."

Ich legte meine Hand auf seine und schloss die Augen. Für einen kurzen Moment schien ich zu verschwinden. Ich fühlte nichts außer Geborgenheit und eine Million Schmetterlinge in meinem Bauch tanzen. Ja tanzt ruhig. Für einen kurzen Moment spürte ich keinen Schmerz. Keine Trauer. Keine Schuldgefühle. Nur Zuneigung für diesen Jungen.

„Wollen wir hinuntergehen? Deine Familie wartet schon." Seine Worte ließen mich plötzlich zusammenzucken. Manche Momente sollten für immer andauern. Andere sollte man wiederum nie erleben müssen.

„Ja natürlich".

Schnell wischte ich mir die Tränen mit meinem Ärmel aus dem Gesicht. Wir gingen Hand in Hand die Treppe hinunter in die Küche. Dort schien mich meine Familie schon sehnsüchtig zu erwarten. Auf dem Tisch stand eine große Buttercremetorte mit der Aufschrift: Alles Liebe zu deinem siebzehnten Geburtstag und ein großer Strauß Rosen sowie ein paar Geschenke.

„Die Rosen sind von deinem Freund", sagte meine Mutter und umarmte mich.

„Alles Gute zum Geburtstag", sagte mein Vater und gab mir einen dicken Kuss auf die Stirn.

Wie ekelig. Ich nahm meinen kleinen Bruder auf den Arm und er gab mir einen Kuss auf die Wange. Wie niedlich. Anschließend setzte ich ihn in seinen Hochstuhl und nahm ebenfalls Platz am Tisch. Die Rosen waren wunderschön anzusehen, obwohl ich Rosen hasse. Das war das erste Mal in meinem Leben, dass mir jemand Blumen geschenkt hat. Dass ich noch lebe, überraschte mich. Nicht, dass ich suizidgefährdet bin. Nein. Auf keinen Fall.

„Willst du deine Geschenke denn gar nicht auspacken?", wollte mein Vater von mir wissen während er den Kuchen verteilte.

Ich reichte ihm meinen Teller rüber. „Mache ich später", antwortete ich und stopfte mir als erstes eine volle Gabel Kuchen in den Mund. Wie ich Kuchen vergötterte.

„Wir gehen nachher Eislaufen", sagte Levi und verlor dabei ein paar Krümel aus seinem Mund.

Hat er gerade wirklich Eislaufen gesagt? Ich betete inständig, dass ich mich verhört hatte. Ich musste mich einfach verhört haben.

„Das ist aber eine sehr schöne Idee", sagte meine Mutter. Ist sie denn bescheuert. Hört sie mir denn nie zu. Das kann sie nicht ernst gemeint haben. Plötzlich wurde mir kochend heiß. Der Schweiß perlte langsam von meiner Stirn während ich versuchte klarzukommen. Ich stand ruckartig auf und lief ins Badezimmer. Hilf mir. Ich legte mich auf den Boden. Dieser war eiskalt. Genau das brauchte ich jetzt. Ich fuhr mir mehrmals durch die Haare und wippte hin und her. Ich hatte Angst. Plötzlich furchtbar große Angst. Sie waren zurück. Zurück um mich zu quälen. Die Schuldgefühle. Nagten an mir wie ein Kaninchen an seinem Salatblatt. Mein Herz schlug immer schneller. Ich war den Tränen schon wieder so nah, als jemand an die Badezimmertür klopfte.

„Ist alles in Ordnung mein Schatz?", fragte Levi besorgt. Nein. Nein. Und nochmal nein. Nichts ist in Ordnung. Ich kann nicht mehr. Ich will nicht mehr. Hilf mir. Verdammt nochmal hilf mir.

„Ja alles in Ordnung, log ich meinen Freund an.

„Das klingt aber nicht so."

„Doch es geht mir gut."

Nach der Schule waren wir dort. Wir zogen unsere Schlittschuhe an. Ich hatte vorher noch nie Schlittschuhe an. Auf Eis gestanden habe ich jedoch schon. Zu meinem großen Bedauern.

„Ich habe das noch nie gemacht", sagte ich zu Levi.

„Keine Sorge ich auch noch nie."

Er nahm mich an die Hand und wir versuchten gemeinsam aufzustehen. Muss von außen betrachtet bestimmt äußerst lustig ausgesehen haben. Trotzdem könnte mich nichts und niemand zum Lachen bringen. Nichts und niemand wiederholte ich mehrfach in meinen Gedanken. Keine Ahnung wie Levi mich nur dazu überreden konnte. Wahrscheinlich, weil ich ihn so sehr liebe und ihn nicht enttäuschen wollte. Du bist einfach zu lieb Ketha. Jedenfalls hin und wieder. Als wir endlich auf dem Eis standen, war es dann soweit.

Ich blickte in ihre vor Angst geweiteten Augen. „Hilfe Ketha", schrie sie. Sie schrie mit aller Kraft. Aber es reichte mir nicht. Ich wollte mehr. Ich wollte zu viel. Langsam glitt ich zu Boden.

Levi beugte sich zu mir hinunter: „Rede mit mir Ketha. Was ist los?"

Jetzt war es an der Zeit mit ihm zu reden. Ich öffnete den Mund um zu sprechen, aber ich bekam keinen Ton raus. Ich zitterte am ganzen Körper.

„Hilfe Ketha", schrie sie. Eingebrochen war sie.

Levi streichelte mir sanft über den Rücken. „Du kannst mir alles sagen."

Wieder öffnete ich meinen Mund, um mit ihm zu sprechen und wieder bekam ich keinen Ton raus.

Levi streichelte mir weiterhin über den Rücken und schien bereit zu warten. Ich atmete tief ein und aus. Konzentrierte mich nur auf meinen Herzschlag. Versuchte mich zu beruhigen. „Hilfe Ketha", schrie sie, „ich ertrinke."

Ich spürte wie mein Herzschlag sich wieder normalisierte. „Danke."

Levi guckte mich fragend an. „Wofür?"

Ich kaute auf meiner Lippe und bewegte meine Finger abwechselnd hin und her. „Dafür, dass du mich liebst, obwohl ich ein schlechter Mensch bin."

Ich streckte meine Zunge raus und versuchte meine Nasenspitze zu berühren. Das kann nicht jeder, dachte ich mir. Ich auch nicht.

„Wie meinst du das?"

Er legte seinen Arm um mich. Dieser Junge ist ein guter Mensch. Stellt immer die richtigen Fragen.

„Du hast bestimmt schon mitbekommen, dass irgendetwas mit mir nicht zu stimmen scheint."

Ich biss mir weiterhin auf die Lippen. Macht Spaß.

Levi guckte auf den Boden. „Du meinst die Haare, die in deinem Kissen sind?" Oder die misshandelten Puppenköpfe und Körper. Es tut mir leid, aber ich war allein in deinem Zimmer."

Ich dachte bis dahin immer, dass es mich stören würde, wenn jemand meine Sachen durchwühlen würde. Merken würde, dass ich sie nicht mehr alle habe. Ich hatte mich geirrt. Im Gegenteil. Es freute mich sogar.

„Willst du wirklich wissen wieso?"

„Ja möchte ich."

Er nahm meine Hand und wir verschränkten unsere Finger ineinander. Ich liebe das. Ich liebe ihn.

„Du musst schwören, dass du das, was du gleich erfahren wirst, niemals unter gar keinen Umständen jemandem erzählen wirst."

Levi nickte. „Heute vor einem Jahr habe ich einen Fehler gemacht. Nicht nur irgendeinen, den man wieder geradebiegen könnte oder der irgendwann an Bedeutung verlieren würde. Nein. Einen furchtbaren Fehler, den man nie wieder ungeschehen machen kann."

„Und was für einen Fehler?"

Levi gab mir einen Kuss auf die Hand.

„Bitte unterbrich mich nicht."

„Tut mir leid."

Ich atmete tief ein und aus.

„Meine beste Freundin Nelly und ich haben nicht nachgedacht. So kam es dann, dass wir einen zugefrorenen Teich betraten. Sie sagte: „Traust du dich etwa nicht?" Doch ich traute mich und leider hielt ich sie nicht davon ab, die Eisfläche zu betreten. Nach kurzer Zeit brach sie ein."

Ich schniefte und versuchte nicht an meinen Worten zu ersticken. „Hilfe Ketha", schrie sie, „Hilfe Ketha, ich ertrinke." Ihr Kopf tauchte unter Wasser. Nach kurzer Zeit tauchte er wieder auf. Ich setzte mich auf die Eisfläche. Saß einfach nur wie angewurzelt da. Bewegte nicht einen Muskel. Immer wieder hörte ich sie um ihr Leben betteln. Ich blickte direkt in ihre weit aufgerissenen Augen. „Warum kannst du nicht auf mich hören?", schrie sie voller Panik. Doch ich saß einfach nur da und fing an zu lachen. Dann war es vorbei. Ihr Körper tauchte vollständig unter Wasser und nicht wieder auf. Nachdem die Polizei da war und ich ausgesagt hatte, kam ich ins Krankenhaus."

Levi nahm mich in den Arm. „Es ist nicht deine Schuld. Du warst geschockt. Es war ein Unfall."

„So steht es zu mindestens in der Polizeiakte, aber für mich ist sie nicht tot."

„Wie meinst du das?"

„Ich sehe sie fast jeden Tag. Rede mit ihr. Als wäre sie niemals gestorben."

„Ich verstehe. Das meinte Doktor van Help also mit Wahrnehmungsstörungen."

„Ja genau."

Levi schaute mir tief in die Augen. „Egal was du getan hast. Oder was du jemals tun wirst. Ich werde dich immer lieben." Wird er nicht. Denn das war erst der Anfang.

Irgendwie fühlte ich mich anders, nachdem Ketha sich mir anvertraut hatte. Aber ich fühlte mich auch sehr geschmeichelt, dass sie mich so sehr liebt und mir vertraut. Obwohl das Ganze schon heftig ist. Ich würde es vor ihr niemals zugeben, aber sie macht mir mittlerweile echt Angst. Natürlich ändert das in keiner Weise etwas an meinen Gefühlen für sie, jedoch muss ich sie jetzt mit anderen Augen sehen. Geht nicht anders. Sie ist eine Mörderin. Hat ihre beste Freundin ertrinken lassen. Ich weiß zwar nicht, was ich an ihrer Stelle getan hätte, aber definitiv hätte ich mich nicht einfach hingesetzt und gelacht. Soviel steht fest. Ich meine wie krank ist dieses Mädel denn bitte? Was soll's? Ich habe meine Entscheidung getroffen. Sie ist mein Mädchen und das bleibt sie auch. Sie ist trotzdem das beste was mir je in meinem Leben passiert ist. Seitdem ich bei ihr eingezogen bin, habe ich keinen Tropfen Alkohol zu mir genommen. Keine einzige Zigarette geraucht. Ich brauche das scheiß Zeug nicht mehr. Ich habe alles, was ich brauche. Ich habe Ketha. Mehr will ich doch gar nicht. Ich habe die Hoffnung längst aufgegeben. Mein Vater wird sich niemals ändern und das ist mittlerweile okay für mich. Nach unserem Abitur werden wir eine Ausbildung anfangen und zusammen ausziehen. Ich werde ihr einen Antrag machen und dann gründen wir unsere eigene Familie. Die beste Familie der Welt. Wir werden die hübschesten Kinder bekommen und die besten Eltern werden. Ich werde der beste Vater sein. Das weiß ich. Vielleicht nicht der reichste oder schlauste, aber ich werde sie lieben und für sie da sein. Wir werden in einem schönen, großen Haus wohnen und es wird uns gut gehen. Dafür werde ich schon sorgen. Dafür würde ich mein Leben geben. Warum eigentlich warten. Viele werden mich jetzt vielleicht für bescheuert halten. Für verrückt. Oder was auch immer. Aber warum warten. Ja ich bin jung und naiv. Das gebe ich zu. Allerdings war ich mir noch nie bei einer Sache so sicher wie heute. Ich fasste in meine Jackentasche. Nein diesmal nicht, um nach meinem Feuerzeug zu kramen. Ich holte eine kleine Schachtel raus und kniete mich hin. Ich bin dumm.

Ich schaute der Liebe meines Lebens in die Augen, öffnete die Schachtel und wollte die entscheidende Frage stellen, als Ketha mir zuvorkam: „Sag jetzt nichts."

Sie küsste mich und das war der schönste Kuss meines Lebens.

„Ich gehe nachher meine restlichen Sachen von Zuhause holen. Dann werde ich nie wieder dorthin zurückkehren."

Ketha umarmte mich ganz fest. „Das ist nicht mehr dein Zuhause."

Wo sie recht hat, hat sie recht.

„Soll ich dich begleiten?"

„Nein brauchst du nicht Mäuschen. Du musst meinem Vater nicht unbedingt begegnen."

„Wie du meinst. Ich liebe dich."

Eine Stunde später saß ich dann im Bus. Mir war etwas mulmig zumute, da ich keine Ahnung hatte, wie ich meinem Vater am besten begegnen sollte. Ich hatte ihn ja schließlich eine Weile nicht mehr gesehen. Gott sei Dank. Mir macht der jetzt keine Angst mehr. Ich schaute aus dem Fenster. Wie ich das Busfahren hasse. Diesmal fuhr ich aber nicht schwarz. Nie wieder. Ein kleines Mädchen trat immer wieder gegen meinen Sitz. Ich hätte ausrasten können, aber das tat ich nicht. Stattdessen ignorierte ich sie einfach, bis sie endlich ausstieg. Kleine Kinder können schon unheimlich nerven. Ich schaute auf mein Handy. Mir wurde langweilig. So langweilig, dass ich selber anfing gegen den Sitz vor mir zu treten. Das macht schon Spaß, dachte ich mir.

„Könntest du das bitte lassen?", fuhr mich der alte Sack an. „Ja", antwortete ich genervt.

War sowieso Zeit auszusteigen. Na dann wollen wir mal. Ich stieg aus dem Bus. Ich nahm meinen Schlüssel. Ich schloss die Tür auf. Zu meiner Überraschung kam mein Vater nicht sofort auf mich zu und meckerte. Das ist gut, dachte ich mir und ging schnell in mein Zimmer, um meine Sachen zusammenzupacken. Ich beeilte mich. So viele Klamotten besitze ich zum Glück nicht. Wozu auch. Wäre nur noch viel mehr Arbeit gewesen. Wenn jemand faul ist, dann auf jeden Fall ich. So langsam fing ich an mich zu fragen, ob mein Vater überhaupt Zuhause war. Es war so still. Ich beschloss lieber mal nachzusehen. Nicht, dass er vielleicht schläft und ich ihn noch aufwecke. Na gut vielleicht habe ich doch noch Angst vor ihm. Ein kleines bisschen zumindest. Ich ging durch den Flur ins Wohnzimmer, wobei mir ein beißender Alkoholgeruch in die Nase stieg. Mein Vater ist so unfassbar widerlich. Überall standen Flaschen und lagen Kippen rum. Die Möbel sahen so aus, als hätte sie jemand mit der Axt zertrümmert und das letzte Mal, dass ein Fenster geöffnet wurde, muss gewesen sein, als meine Mutter hier noch gewohnt hat. Ich habe mich noch sie zuvor so sehr geschämt. Doch mein Vater lag auch nicht auf dem Sofa. Ich verdrehte genervt die Augen. Also ging ich in die Küche. Dort sah ich ihn dann. Er saß am Tisch, den Kopf auf die Tischplatte gelegt und in der anderen Hand ein Bier haltend. Doch er schien nicht wach zu sein, da er mich nicht wahrnahm. Zuerst drehte ich mich um und wollte gehen, da es mich nicht mehr juckt, was er macht oder wie es ihm geht, doch ich konnte nicht. Er ist immer noch mein Vater und irgendwo, ganz tief in meinem Inneren, fühlte ich mich verantwortlich für ihn. Ich berührte ihn an der Schulter. Keine Reaktion. Ich streichelte ihm über den Rücken: „Papa ist alles in Ordnung?" Er antwortete nicht. Ich sprach ihn noch ein paar Mal an, doch er schien mich nicht zu hören.

„Papa antworte mir gefälligst!"

Ich trat gegen sein Schienbein, doch er rührte sich einfach nicht. Ich überlegte, was ich noch machen könnte. Er schläft bestimmt nur. Ich weiß es. Dann holte ich einen Eimer aus dem Badezimmer und füllte ihn mit Wasser.

Wenn ich ihn so nicht wach bekomme, dann weiß ich auch nicht. Ich zögerte einen kurzen Moment, bevor ich ihm den Eimer in einem Rutsch über den Kopf kippte. Mein Vater fiel vom Stuhl. Das war alles. Wach war er trotzdem nicht. Ich beugte mich hinunter und versuchte seinen Herzschlag zu hören. Ich versuchte seinen Puls zu spüren. Er schien verloren zu sein.

„Wie kannst du mir das auch noch antun? War ich wirklich so ein schlechter Sohn?"

Ich spürte wie die Wut in mir hochkochte. So ein Bastard. Ich atmete einmal tief durch. Danach öffnete ich den Kühlschrank. Wenigstens war der noch prall gefüllt mit den verschiedensten Biersorten. Ich dachte schon er hätte alles weggeballert. Ich hasse ihn so sehr. Ich sollte jetzt nicht trinken. Das wusste ich genau. Egal. Das ist schließlich mein gottverdammtes Leben und ich darf gottverdammt nochmal selbst entscheiden, was ich damit mache. Das war das letzte, woran ich mich erinnern kann. Und an Kethas Gesicht. Das letzte, was ich sah.

Kapitel 8

Levi war nun schon ein paar Stunden weg und ich fing an, mir Sorgen zu machen. Seinen Vater kenne ich zwar nicht persönlich, jedoch scheint er laut seinem Sohn nicht ganz ohne zu sein. Was rede ich denn da? Er ist ein Arschloch. Ich fragte mich, ob Levi wohl alleine mit ihm fertig werden würde. Das dauert mir jetzt schon wieder alles viel zu lange. Vielleicht braucht er Hilfe. Ich bin normalerweise nicht die Art von Freundin, die sich sonderlich große Sorgen um ihren Freund macht, aber ich habe schon ein ungutes Gefühl. Er hatte mich heute einfach zu glücklich gemacht. „Herzlichen Glückwunsch."

Nelly setzte sich zu mir aufs Bett. Ich sah in ihr wunderschönes Gesicht.

„Danke."

„Weißt du, ich fühle mich immer sehr geschmeichelt", sagte sie mit einem Lächeln.

Wohlbemerkt mit einem ehrlichen Lächeln.

„Wieso?"

Sie gab mir einen Kuss auf die Stirn. „Weil du mich so schön findest."

Ach das meinte sie.

„Du bist ja auch schön und warst sogar noch viel schöner, als du noch lebendig warst."

„Da kann ich dir nur zustimmen, sagte Nelly und seufzte.

Ich weiß, dass ich krank bin. Dass sie nicht echt ist. Sie ist bloß eine Ausgeburt meiner Fantasie und meiner äußerst kranken Gedanken. Doch sie ist immer noch da für mich. Trotz ihres tragischen Todes. Faszinierend. Glaube ich.

„Levi braucht dich jetzt."

„Wie bitte?"

Ich holte mein Handy aus der Hosentasche, doch Nelly schlug es mir sofort aus der Hand: „Anrufen nützt nichts mehr. Er braucht dich jetzt."

Na schön. Dann werde ich mich wohl so spät abends noch auf den Weg machen müssen. Meine Eltern schliefen bereits als ich das Haus verließ. Da ich um diese Uhrzeit natürlich kein Bus mehr fährt, entschied ich mich zu Fuß zu gehen. Ja ich weiß. Ich weiß, was jetzt alle anderen denken. Nimm doch das Fahrrad. Dieser Gedanke war mir auch bereits gekommen. Doch es ist ein ganz böser Gedanke. Ich verabscheue das Fahrradfahren und vermeide es schon mein ganzes Leben. So gut es eben geht. Manche Mädchen haben Angst im Dunkeln. Alleine draußen zu sein im Dunkeln. Habe ich zu mindestens mal gehört oder gelesen. Ich nicht. Die Dunkelheit ist was Schönes. Sie versteckt Abscheuliches. Wie hässlich unsere Welt eigentlich ist. Es ist besser manche Dinge im Dunkeln zu betrachten. Nicht alles erkennen zu können. Im Dunkeln zu tappen. Unwissend zu sein. Manchmal frage ich mich, ob ich hässlich in einer schönen Welt oder schön in einer hässlichen Welt bin. Die frische, kalte Luft tat mir gut. Die Blätter raschelten laut im Wind. Ich hatte unterm Laufen sehr viel Zeit meiner Lieblingsbeschäftigung nachzugehen. Ich ließ meinen Gedanken freien Lauf. Bringt schließlich nichts sie immer nur wegzusperren. Das tut mir auf Dauer nicht gut.

Es waren nur noch wenige Meter bis zu Levis Haus als mir jemand auf die Schulter klopfte. Verwirrt drehte ich mich um.

„Versprich mir ruhig zu bleiben. Egal was du gleich sehen oder fühlen wirst."

„Ich verspreche dir nichts mehr."

Ich ließ Nelly unter einer Straßenlaterne stehen. Zwei Sekunden später drehte ich mich um und sie war wieder verschwunden.

In der Eingangstür lag er. Mein ehemaliger Klassenkamerad. Mein ehemaliger bester Freund. Mein ehemaliger Verlobter. Die Tür stand offen. Es stank so sehr nach Alkohol, dass ich mir die Nase zuhalten musste. Ich könnte jetzt wieder rumheulen. Wieder in Selbstmitleid versinken, doch diesmal würde ich wieder auf die gute alte Verdrängung setzten. Spart Energie und eine Menge Taschentücher. Muss wohl eine Alkoholvergiftung sein. So leblos wie er daliegt. Fast so als würde er schlafen. Ich beugte mich zu ihm runter. Wenn man genauer hinsah, konnte man sogar ein kleines Lächeln auf seinen Lippen erkennen. Er war vielleicht nicht der freundlichste oder höflichste Mensch, aber eins konnte ich mit Sicherheit sagen. Er war schön in einer hässlichen Welt. Da bin ich mir ganz sicher. Für mich wird er immer der liebste Mensch bleiben. Bei dem Gedanken nie wieder in seine schönen braunen Augen schauen zu können, stockte mir plötzlich der Atem und ich ertappte mich beim Weinen. Nein Ketha. Das ist jetzt nicht mehr wichtig. Weißt du noch? Verdrängung und so. Ach ja. Tut mir leid.

Plötzlich nahm ich leise Stimmen wahr. Eine Unterhaltung. Jemand hatte wohl den Fernseher eingeschaltet. Juhu. Rache. Ich gab Levi zum Abschied einen letzten Kuss und strich über seine Haare. So, wie alles angefangen hatte. Ich ging danach ins Haus. Versuchte dabei so leise wie möglich zu sein. Der penetrante Alkoholgeruch brachte mich fast um. Wie kann man nur so leben. Überall lagen Scherben und standen Bierflaschen. In der Tür zum Wohnzimmer blieb ich stehen. Dort saß ein Mann mittleren Alters auf dem Sofa und starrte mich verblüfft an. Ich hatte ihn mir anders vorgestellt. Irgendwie hässlicher. Levi hat rein äußerlich betrachtet sehr viel gemeinsam mit ihm.

„Hallo ich bin Ketha", sagte ich und verbeugte mich. Er musterte mich von oben bis unten.

„Dreh dich mal um", sagte er während er sich eine Zigarette ansteckte.

Ich drehte mich um. Weil ich das wollte. Nicht, weil er mich darum gebeten hat. Damit das klar ist.

„Einen schönen Arsch hast du da."

Hm ja. Das ist definitiv sein Vater. Ich setzte mich zu ihm. „Dürfte ich auch deinen Namen erfahren?"

„Timon."

Immer wieder wiederholte ich diesen Namen in meinen Gedanken. Ich wollte das nicht. Sie wollten das.

„Hast du schon die Polizei gerufen? Wegen Levi meine ich." Er schaute mich mit einem Blick an, der so voller Trauer war, dass ich hätte selber wieder weinen können.

„Tot bleibt tot. Daran kann die Polizei auch nichts ändern." Er hatte recht. Vollkommen recht, da er sowieso erledigt ist.

„Weißt du, ich habe deinen Sohn sehr geliebt. Er war immer für mich da."

Timon seufzte: „Aber ich war nie für ihn da. Stattdessen saufe ich mir lieber das Hirn weg und denke darüber nach, seine Freundin flachzulegen.

Ich würde lügen, wenn ich jetzt behaupten würde, mich nicht ein bisschen geschmeichelt zu fühlen. Nein. Das wäre jetzt unangebracht.

„Hast du was zu essen da?"

„Ja klar, fühl dich ganz wie Zuhause."

Auf dem Weg in die Küche stolperte ich über ein paar Flaschen. Der Kühlschrank hatte außer ein paar Gurken, etwas Wurst und Käse nicht wirklich viel zu bieten. Außer einer großen Menge an alkoholischen Getränken. Während ich versuchte das Gurkenglas zu öffnen, fiel mein Blick auf ein großes Messer. Ein sehr schönes Messer. Nein. Ein atemberaubend schönes Messer. Und es schrie nach mir. Es schrie meinen Namen. Ich versuchte nicht hinzuhören. Es zu ignorieren. Doch ich konnte nicht anders als es in die Hand zu nehmen. Ich strich mit meinem Finger vorsichtig über die Klinge. Sie war so unglaublich scharf, dass ich hätte weinen können vor Glück. Manchmal hat man eben auch mal Glück im Leben. Mein Herz schien vor Vorfreude in tausend Teile zu zerspringen. Ich ging zurück ins Wohnzimmer. Mit einem Lächeln natürlich. Ich zitterte voller Tatendrang.

„Was hast du denn damit vor?", fragte Timon und nahm einen Zug von seiner Zigarette. Ich setzte mich neben ihn.

„Ich werde jetzt das Richtige tun, sagte ich und wippte hin und her.

Mein Gott, ich war so hippelig und aufgedreht. So unglaublich aufgeregt. So entschlossen und überzeugt davon das Richtige zu tun.

„Töte ihn nicht, sagte eine Stimme in meinem Kopf.

„Aber die Mehrheit will es so", sagte eine andere.

Ich will es auch. Ganz unbedingt. Mehr als alles andere auf der Welt. Niemand hat es verdient zu sterben. Aber er. Er hat es mehr als verdient zu sterben. Mein Blick fiel noch einmal auf die Klinge des Messers.

Plötzlich sah ich in Levis Augen. Schlagartig lief mir eine Träne über die Wange. Ich konnte ihn doch noch nicht verloren haben. Noch nicht jetzt. Ich drückte meine Lippen auf die Klinge und gab ihr einen Kuss. Egal was jetzt passiert oder noch passieren wird. Levi ist es wert. Jetzt ist der falsche Moment um schwach zu sein. Ich schaute in die Augen von Timon und strich mit der einen Hand über seine Wange.

„Es tut mir leid aber nicht weh, sagte ich zu ihm als das Messer bereits in seiner Kehle steckte. Für einen kurzen Augenblick war ich wie gelähmt. Ich sah wie das Blut tropfte und innerhalb kürzester Zeit alles rot färbte. Ich meine, ich habe gerade den Vater meines Lieblingsmenschen getötet. Da musste ich erst mal kurz überlegen, was ich jetzt tun sollte. Ich ging zurück zu Levis leblosem Körper und holte mein Handy aus der Jackentasche, um die Polizei zu rufen. Tot bleibt zwar tot, aber er hat es trotzdem nicht verdient hier liegen zu bleiben. Er hatte rein gar nichts von all dem hier verdient. Ich nahm seine Hand und hielt sie ganz fest. Wenigstens ein allerletztes Mal. Solange bis die Polizei kommt.

Die Sirenen der Polizeiautos und des Krankenwagens schienen mich wieder zurück in die Realität zu holen. Dennoch stand ich immer noch unter Schock als die Beamten die übliche Befragung durchführten. Ich wollte Levis Hand nicht loslassen. Ich war noch nicht bereit ihn gehen zu lassen. Nicht für immer. Ich kauerte neben seinem leblosen Körper wie ein Rehkitz neben seiner toten Mutter. Die Polizisten waren nett zu mir. Eine von ihnen war eine Frau. Sie nahm mich an der Hand und versuchte mich von Levi abzubekommen. „Er war viel zu jung", sagte ich weinerlich.

Das war er wirklich. Viel viel zu jung. Was er hätte noch alles erleben können. Was wir hätten noch alles zusammen erleben können.

„Dann erzähl doch noch einmal von vorne", sagte die Beamtin mit freundlicher Stimme.

Also gut. Ich schaffe das.

„Levi und ich kennen uns seit Jahren, da wir in dieselbe Klasse gehen oder gegangen sind."

Mir stockte der Atem bei dem Gedanken ihn auch in der Schule vermissen zu müssen.

„Ich war wirklich eine lange Zeit in ihn verliebt und vor ein paar Wochen wurden wir tatsächlich ein Paar."

Bei mir machte sich ein kleines Lächeln bemerkbar, da ich an den Augenblick denken musste, als er mir sagte, dass er ebenfalls in mich verliebt war. Das werde ich niemals vergessen.

„Aber er hatte Probleme Zuhause. Genauer gesagt mit seinem Vater. Der ist oder war so gewalttätig, dass seine Mutter Monika in ein Frauenhaus gezogen ist und Levi zu uns."

„Du machst das sehr gut", sagte die Beamtin zu mir, du bist ein sehr starkes Mädchen."

Wenn sie nur wüsste, wie stark. Sie legte ihre Hand auf meine Schulter.

„Hatte Levi Probleme mit Alkohol?"

Bei dieser Frage musste ich an die Flaschen denken, die Levi in seinem Koffer versteckt hatte. Oder an die Tatsache, dass der Alkohol ihn umgebracht hatte.

„Ja er war abhängig", stotterte ich und eine Menge Tränen kullerten mir die Wangen hinunter.

„Daran ist er auch gestorben", sagte ich und nahm meinen Daumen wie ein Baby in den Mund. Ich fühlte mich so hilflos. Plötzlich so klein wie damals, als mein Opa gestorben war. „Es sieht wohl ganz danach aus, aber die endgültige Gewissheit werden wir erst nach den Untersuchungen haben", sagte sie sanft und nahm mich in den Arm.

„Jetzt stellt sich nur noch die Frage, wer seinen Vater umgebracht hat."

Oh ja. Welche Wahnsinnige das wohl war. Gut, dass ich die Mordwaffe sicher in meiner Handtasche versteckt hatte. Ohne sie wird es wohl etwas länger dauern den Täter zu finden. Ohne sie habe ich noch etwas Zeit in Freiheit.

„Wenn wir hier gleich fertig sind, dann bringen wir dich nach Hause und wechseln noch ein paar Worte mit deinen Eltern." Ich nickte.

Wer hätte das gedacht. Levi und Timon starben zwei Tage vor Heiligabend. Besser hätte das Timing nicht sein können. Ich verbrachte die kompletten zwei Tage im Bett. Stritt mit meinen Eltern über dieses und jenes und fühlte die meiste Zeit über gar nichts mehr. Sogar die Stimmen in meinem Kopf haben sich zurückgezogen und schienen so auf ihre ganz eigene Art zu trauern. Das fand ich wirklich sehr lieb von ihnen. Normalerweise schlug mein Herz praktisch für diese Festtage und ich freute mich das ganze Jahr über auf die besinnliche Weihnachtszeit. Obwohl Nelly letztes Jahr an meinem Geburtstag ertrunken war, freute ich mich dennoch auf Weihnachten. Ich backte mit meiner Tante Samara, Leda und Leon an die tausend Weihnachtskekse und hörte ununterbrochen Weihnachtslieder. Das waren Bauchschmerzen. Gerade das Tannenbaumschmücken gab mir das Gefühl, dass sich wenigstens nicht alles verändern würde und der alljährliche Kirchenbesuch gab mir die Gelegenheit meine Tat zu bereuen. Sowie einen kleinen Funken Hoffnung, dass alles wieder gut werden würde. Man sagt ja immer, dass die Zeit alle Wunden heilt. Das ist leider eine Lüge. Aber es wurde leichter mit allem umzugehen. Es zu akzeptieren. Ich ging brav zur Therapie und es gab tatsächlich wieder Momente in meinem Leben, in denen ich mich wieder gut fühlte und glücklich war. Ausgerechnet dann musste mir meine Hoffnung wieder genommen werden und ich frage mich einfach nur warum. Ich lag auf den Bauch gedreht auf meinem Bett und streichelte Lou, die sich zu mir gesellt hatte. Seit zwei Tagen wich sie nicht von meiner Seite, fast so als würde sie wissen, dass etwas Schlimmes passiert war. Ich kraulte ihr Ohr. Auch sie sah ziemlich traurig aus.

„Du vermisst ihn bestimmt auch nicht wahr?"

Lou hob ihren Kopf und schnaubte fast so, als hätte sie mich verstanden. Was ich mit ihr schon alles erlebt hatte. Ich erinnere mich noch genau daran, als ich das erste Mal in ihre Teddybäraugen schaute und genau wusste, dass sie zu uns gehört. Auch wenn ihre Geschwister es mir nicht gerade leichtmachten. Die waren nämlich unheimlich süß und verspielt. Seit diesem Tag war sie immer für mich da. Tröstete mich, wenn ich traurig war und wich nicht von meiner Seite, wenn ich mich einsam fühlte. Von all meinen Freunden war sie eben doch die beste. Die Treueste. Was soll ich bald nur ohne sie machen. Wenn ich wie ein wildes Tier weggesperrt werde. Ich streichelte über ihren Rücken und wusste tief im Inneren, dass dies unsere letzten gemeinsamen Tage sein werden. Dieser Gedanke schnürte mir die Kehle zu und ich hatte plötzlich das Gefühl keine Luft mehr zu bekommen. Mir wurde so langsam bewusst, dass ich ganz alleine sein werde. Ich setzte mich hin und nahm einmal ganz tief Luft. Lou legte ihren Kopf auf meinen Schoß und schaute mir in die Augen.

„Ich werde dich schrecklich vermissen", sagte ich und hielt meine Tränen zurück.

Ich bin eindeutig eine Heulsuse. Plötzlich sprang meine Tür auf und Sabrina kam herein. Musste das sein. Besuch war jetzt das letzte, was ich wollte. Das letzte, das gut für mich sein würde.

„Du siehst ja gar nicht gut aus", sagte sie sanft zu mir. Dann setzte sie sich zu uns aufs Bett.

„Deine Mutter hat mir erzählt, was passiert ist." „Das tut mir so leid für dich."

„Bist du noch mit Herr Tenim zusammen?", fragte ich flüsternd.

Sabrina war das Fragezeichen buchstäblich ins Gesicht geschrieben: „Wie kommst du da drauf?"

Brillante Frage. Ich liebe Fragen. Liebe, liebe, liebe sie. „Ich würde dir gerne etwas erzählen und ich möchte, dass du es von mir erfährst, da du mir sehr wichtig bist und mich wahrscheinlich auch am besten verstehen wirst."

Ich vermisste die Stimmen in meinem Kopf, die sich jetzt streiten würden. Darum ob ich es ihr anvertrauen sollte oder nicht. Aber sie waren immer noch nicht wieder da. Es war so unfassbar leer in meinem Kopf. Irgendwie schrecklich.

„Du kannst mir alles erzählen und falls du glaubst, dass du ein Druckmittel brauchst, nur damit ich meine Klappe halte, dann hast du dich geschnitten. Du bist meine beste Freundin und ich werde rein gar nichts erzählen, wenn du das nicht möchtest."

Wie niedlich sie sein konnte.

„Ich möchte nicht lange um den heißen Brei herumreden und komme daher direkt auf den Punkt."

Ich holte kurz Luft.

„Ich habe Levis Vater Timon erstochen und letztes Jahr war es meine Schuld, dass Nelly ertrunken ist."

Sabrina sprang auf als hätte sie einen Geist gesehen und ich konnte ihre Zähne förmlich klappern hören.

„Das ist nicht dein Ernst", sagte sie und ging ein paar Schritte zurück bis sie mit dem Rücken an die Tür stieß und versuchte die Türklinke zu berühren.

Es sah beinahe so aus, als würde sie versuchen loszuschreien, konnte es aber nicht.

Ich sprang auf sie zu und hielt ihr den Mund zu: „Bitte Sabrina, sag nichts. Ich möchte meine Zeit in Freiheit noch genießen und werde dir garantiert nichts tun."

Sabrina nickte und ich ließ sie los.

„Verrate mir nur eines. Wieso hast du es getan? Wie kann man zu so etwas nur fähig sein?"

Sabrina nahm meine Hand, half mir hoch und wir setzten uns zurück aufs Bett.

„Levi wollte seine restlichen Sachen holen. Aber er kam und kam nicht nach Hause. Ich fing an mir Sorgen zu machen und so fuhr ich ebenfalls zu seinem Vater, um nach ihm zu sehen. Aber es war zu spät. Levi war bereits tot."

Eine Träne nach der anderen kullerte meine Wangen hinunter und da war er wieder. Dieser Schmerz, der sich wie ein Messer tief in mein Herz bohrte und einfach nicht aufhören wollte wehzutun.

„Komm mal her", sagte Sabrina zu mir und nahm mich in den Arm. Ihre Umarmung tat wirklich gut.

„Er ist wahrscheinlich an einer Alkoholvergiftung gestorben. Sein Vater hat ihn zwar nicht direkt umgebracht, aber er ist eindeutig schuld an seinem Tod."

„Ich verstehe", sagte Sabrina und streichelte über meine Haare.

„Es war wie er dasaß. So als hätte ihn der Tod seines Sohnes nicht wenigstens ein klitzekleines bisschen interessiert. Das machte mich so wütend und traurig."

„Ich hätte es wahrscheinlich genauso getan", sagte Sabrina. „Bitte vergiss nicht, dass ich dich ganz doll lieb habe egal was passiert."

„Das werde ich nicht", antwortete sie und gab mir einen Kuss auf die Stirn.

Kapitel 9

Ich weiß noch wie es als kleines Kind war. Wie es sich angefühlt hat. Jeden Augenblick habe ich genossen. Wenn ich draußen mit meinem Bruder im Gras gelegen habe, habe ich Luft geholt. Tief Luft geholt für das was noch kommt. So als hätte ich schon eine Vorahnung gehabt. Was ich natürlich nicht hatte. Ich habe als Kind weitaus weniger Tränen vergossen als in der letzten Zeit und nachgedacht habe ich tatsächlich schon immer zu viel.

Ich weiß noch wie ich das erste Mal eine Verhaftung gesehen habe. Wie ein Mann von einem Polizisten zu Boden gerissen wurde, da er sich weigerte die Handschellen anzulegen. Wie er vor Schmerzen schrie und wohl nicht damit klarkam, für seine Taten bestraft zu werden. Wenn das SEK ein Haus oder eine Wohnung stürmt, sieht das immer wahnsinnig faszinierend aus und zugegebenermaßen ist das doch der Brüller in jedem coolen Film. Im wahren Leben sieht es jedoch ganz anders aus. Jedenfalls in meinem. Sehr viel unspektakulärer aus meiner Sicht.

Ja, auch ich wurde zu Boden gerissen.

Ja, auch ich habe mich etwas bei den Handschellen gewehrt und eventuell dem einen Polizisten ins Gesicht gespuckt, aber darauf kommt es nicht an.

Ich war bereit.

Bereit dafür, weggesperrt zu werden und endlich anzukommen.

Bereit dafür, Reue zu zeigen, ach nee, das geht zu weit…

Handschellen sind tatsächlich so ungemütlich wie sie aussehen.

Während die Ordnungshüter, ich habe trotz allem meine höfliche Ader nicht verloren, sich noch mit meinen Eltern unterhielten, saß ich eingeschlossen im Wagen. Ich konnte die Angst in den Augen meiner Eltern sehen, als sie erfuhren, dass ihre Tochter eine Mörderin war, und ich würde lügen, wenn ich behaupten würde, dass ich nicht wenigstens ein kleines bisschen enttäuscht von mir war.

Leugnen, leugnen, leugnen funktioniert halt nicht immer. Ab jetzt würde ich alleine klarkommen müssen. Meinen achtzehnten Geburtstag wohl ohne sie feiern müssen. Für alle, die jetzt denken, dass Ketha jetzt in den Knast geht. Sich nur noch rumprügelt, coole Knast Tattoos stechen lässt und irgendwann als Ex-Knacki eine Bank ausrauben wird...

Tut mir leid, da muss ich euch leider enttäuschen. So wird mein Leben nicht verlaufen. Auch wenn es zugegebenermaßen recht cool wäre.

„Hättest du dich nicht wenigstens etwas mehr wehren können? Ein kleines bisschen mehr anstrengen können?" Nelly schnaubte.

„Wieso, langweile ich dich?"

„Mittlerweile schon. Was hast du als nächstes vor? Gesundwerden? Das kann nicht dein scheiß Ernst sein."

Wo sie recht hat, hat sie recht. Aber sich zu wehren, wäre sinnlos gewesen und gesund werde ich wahrscheinlich nie.

„So langweilig bin ich gar nicht."

Nelly schlug ihre Beine übereinander und richtete ihre Haarspange. „Da hast du recht. Früher hast du mich viel mehr gelangweilt. Dein ständiges Verliebtheitsgequatsche über Levi war einfach nur zum Kotzen. Ich habe dich zu der Person gemacht, die du heute bist."

Ich lachte. „Ja wegen dir werde ich mich für immer schuldig fühlen. Vielen Dank dafür."

„Lassen wir diese Diskussion lieber. Fakt ist, ich habe wegen dir mein Leben verloren, aber das wird bei dir auch nicht mehr lange dauern. Die werden dich so mit Medikamenten vollpumpen bis du nicht mehr wissen wirst, wo oben und unten ist. Dann wirst du dir wünschen endlich sterben zu können, aber sie werden es nicht zulassen."

Mir stockte plötzlich der Atem. „Musst du mir jetzt solche Angst einjagen?"

Nelly grinste. „Ich wünsche dir eine angenehme Autofahrt."

Während der Fahrt fing ich tatsächlich an mir Gedanken zu machen. Ja ich weiß, dass das nichts Neues ist, aber ich bekam Angst. Angst davor eingesperrt vielleicht noch mehr durchzudrehen. Angst davor alleine nicht klarzukommen und auch Angst davor mich irgendwann einmal komplett zu verlieren. Ich seufzte. Fühlte mich müde vom Leben und von meinen Entscheidungen. Ich schaute aus dem Fenster. Beobachtete einen Schwarm Krähen, der irgendwann in der Ferne verschwand. Ich wusste nicht, ob ich ihn beneiden sollte oder nicht. Die Autofahrt kam mir so verdammt lang vor. Mit jeder roten Ampel, jeder Kreuzung und jeder Kurve wurde ich nervöser. Innerlich hoffte ich, dass die Fahrt einfach nie zu Ende gehen würde.

Schlussendlich hielt der Wagen dann doch irgendwann vor einem Gebäude ähnlich eines Krankenhauses. Ich schluckte. Hier war ich also. In einem Polizeiwagen. In Handschellen. Vor der Klapsmühle. Jetzt gab es kein Zurück mehr. Die Polizisten stiegen aus und öffneten meine Tür. Sie packten mich etwas unsanft am Arm und holten mich aus dem Auto. So läuft das also. So werde ich ab jetzt behandelt werden. Ich betrachtete die vielen Fenster und fragte mich, wie viele Menschen hier bloß wohnten. Wie viele Menschen hier bloß eingesperrt sind und es auch noch für eine sehr lange Zeit bleiben würden.

Ehe ich mich versah, waren wir bereits durch die riesige Tür gegangen und standen in der Eingangshalle. Meine Güte war das trist und trostlos hier. Irgendwie kühl und distanziert. Das reichte dann auch fürs Erste mit Adjektiven. An die nächsten Minuten kann ich mich mittlerweile gar nicht mehr so gut erinnern. Ich musste einige Papiere unterschreiben, wurde unlogischer Weise noch zwei Mal abgetastet, ob ich auch wirklich keine scharfkantigen Gegenstände bei mir habe und musste einige Konzentrationstests oder so etwas in der Art über mich ergehen lassen. Das meiste davon war einfach weg. War wohl einfach nicht so wichtig für mich gewesen. Ein Moment ist mir jedoch sehr gut in Erinnerung geblieben. Ich sah wie ein Mädchen mit ihren Eltern durch die Tür spazierte. Sie hatte ihre Haare zu zwei schönen Zöpfen gebunden. Sie war dünn und schön, aber sie weinte bitterlich. Sie schien Angst zu haben und wurde von ihrer Mutter zum Trost in den Arm genommen. Meine Eltern waren nicht hier. Ich wurde nicht getröstet und ich hatte ebenfalls Angst.

Nach zwei Wochen hatte ich mir immer noch keine allgemeine Meinung über diesen Schuppen gebildet. Normalerweise kann ich nicht klagen. Das will ich auch eigentlich nicht. Entweder wird man von den Schwestern wie ein Schwerverbrecher behandelt oder mit Samthandschuhen angefasst, wobei mir ersteres natürlich wesentlich besser gefällt. Immerhin fühle ich mich auch genauso. Hier kann ich endlich sein, wie ich wirklich bin. All meinen Gedanken und Gefühlen freien Lauf lassen. Glücklich sein. Obwohl ich mir nicht sicher bin, ob das ohne Levi überhaupt möglich ist. Ich hätte mehr auf ihn aufpassen müssen. Timon hat seine Strafe bekommen. Ich bin mir jedoch nicht ganz sicher, ob ich ihn nicht doch eher erlöst als bestraft habe. Wie unheimlich schön es sich anfühlt, wenn das Kopfchaos sich erweitert. Einfach unglaublich schön. Da kommt man direkt ins Schwärmen. Man darf trotzdem nicht vergessen, dass Menschen im Leben kommen und gehen. Das ist leider unvermeidbar. Mit anderen Insassen, Häftlingen oder Geisteskranken, keine Ahnung wie man uns nennt, hatte ich noch nicht besonders viel zu tun. Ich war bisher fast die komplette Zeit in meiner Zelle oder besser gesagt Zimmer wie ich es nennen soll. Laut Doktor Van Help werde ich meine Mahlzeit heute nicht alleine einnehmen, da ich schließlich nicht vereinsamen soll. Unabhängig davon, was ich getan habe oder noch tun werde. Doktor Van Help hat mir mit Hilfe meines Arztes jemanden ausgesucht, dem ich beim Essen Gesellschaft leisten soll. Oder war es doch eher umgekehrt? Ich weiß es nicht mehr. Ich hoffe inständig, dass es kein Verrückter ist, wobei ich dafür eindeutig am falschen Ort war. Ich konnte mir ein Lächeln nicht verkneifen.

Ich wurde von zwei Männern und meiner Psychologin in Handschellen in einen Raum geführt. Dort saß er schon. Er blickte verlegen mit gesenktem Kopf auf seinen Teller. Na ganz toll, dachte ich mir. Besonders nett sieht der nicht aus. Blondes Haar. Blaue Augen. Schwarze Käppi. Überhaupt nicht mein Typ. Obwohl mir seine Tattoos an den Armen gefielen. Ich musste grinsen. Wie lustig es hier doch ist. „Setz dich dorthin", sagte Doktor Van Help zu mir.

Ich wurde zum Stuhl gebracht und meine Handschellen wurden anschließend am Tisch befestigt. Wie sinnlos. Was sollte ich schon vorhaben. Ich bin genau da, wo ich sein möchte. Am schönsten Ort der Welt. Wo der Wahnsinn wohnt.

„Dann guten Appetit", sagte Doktor Van Help und verließ mit den Männern das Zimmer.

Beobachten tun sie uns trotzdem. Heute gab es schon wieder Suppe. Was solls. Ich wollte mich nicht beschweren. Dem Typen gegenüber schien das überhaupt nicht zu stören.

„Isst du gerne Suppe?", fragte ich ihn freundlich.

Er musterte mich ein paar Sekunden und antwortete dann: „Mir ist egal, was es zu Essen gibt, Hauptsache ich muss nicht hungern."

Dann schaute er wieder auf seinen Teller. Sein Blick verriet mir, dass ihm alles gleichgültig geworden sein muss. Seitdem er hier ist. Oder schon vorher. Irgendwie sah er ziemlich traurig und fertig mit der Welt aus.

„Was bedeuten eigentlich deine Tattoos?", fragte ich ihn und fischte mir mit dem Löffel eine Nudel aus der Suppe.

Seine Miene veränderte sich und ich meine ein kleines Lächeln gesehen zu haben. Kann mich aber auch getäuscht haben.

„Die meisten sind verstorbenen Familienmitgliedern gewidmet."

„Ah okay", antwortete ich und schlürfte meine Suppe laut. „Keine Sorge, die Handschellen wirst du bald los."

Ein Teil von mir wäre erleichtert sie endlich loswerden zu können, aber der überwiegende Teil will sie um jeden Preis behalten.

„Wieso bist du hier?", wollte ich vorsichtig von ihm wissen. Er lehnte sich gemütlich zurück und ich musste feststellen, dass er einen ziemlich dicken Bauch hat. Hässlich ist er trotzdem nicht. „Ich habe mit meinem besten Kumpel Tom versucht meine Ex-Frau Sandra umzubringen, da sie mich meine Tochter nicht sehen lässt. Dann bin ich wieder drogenabhängig geworden."

Plötzlich musste ich lachen.

Er schaute mich verdutzt an: „Was ist denn daran lustig?" Ich versuchte ernst zu bleiben.

„Wenn du das nicht lustig findest, dann hast du auf jeden Fall weniger Probleme als ich. Es ist lustig, weil du versucht hast jemanden umzubringen, es aber anscheinend nicht konntest. Ich hingegen schon."

Jetzt musste er schmunzeln: „Das hätte ich dir ja gar nicht zugetraut."

„Macht nichts, ich mir auch nicht."

„Ich heiße übrigens Felix Ritter."

„Gut zu wissen."

Ich würde mir jetzt echt gerne verlegen durch die Haare streichen Aber das kann ich mit den Handschellen wohl vergessen. So ein Mist. Außerdem wäre das mehr als unangebracht. Oder etwa nicht. Irgendetwas schien er an sich zu haben, was mein Herz vor Freude hüpfen ließ. Aber nein Ketha. Du hast gerade erst einen verloren und somit bewiesen, dass du nicht in der Lage dazu bist auf jemanden aufzupassen. Ich seufzte. Das stimmte leider. Jedoch fühle ich mich schon manchmal etwas einsam und er schien echt nett zu sein.

„Wieso ist sie deine Ex-Frau?"

„Dafür gibt es leider viel zu viele Gründe. Genau genommen sind wir auch noch verheiratet", sagte er und schleckte den Teller ab.

Uh, das könnte interessant werden. Bestimmt ist einer von beiden fremdgegangen. Oder noch besser. Sie haben es beide getan und irgendwann herausgefunden. Ehrlich gesagt kann ich mir auch gar nicht vorstellen, dass er dazu in der Lage sein könnte, noch nicht einmal ansatzweise eine gute Ehe zu führen. Er sieht aus wie einer dieser Männer, denen ihre Frau irgendwann egal ist. Aber was weiß ich schon. Vermutlich gar nichts. Außer, dass ich ihm mein Leben anvertrauen würde. Ja ganz ehrlich.

„Wer von euch ist fremdgegangen?", fragte ich ihn und haute meine Hände auf den Tisch, sodass die Handschellen nur so klirrten.

Er schaute mir in die Augen: „Sie während sie hochschwanger war mit meiner Kleinen."

Wow, das hatte ich jetzt nicht erwartet. Alles. Aber nicht sowas. Und ich dachte, er wäre derjenige, der bestimmt alles kaputtgemacht hat. Tatsächlich halte ich mich gelegentlich für schlau. Sehr schlau sogar. Allerdings war dies nicht der Moment dafür. Das würde ich wohl als Rückschlag verbuchen müssen. Sei's drum.

„Lass mich raten, du vermisst sie trotzdem. Auch wenn alles an ihr furchtbar ist. Dazu neigen wir Menschen nun mal." „Wie meinst du das?", fragte er und sah etwas verwirrt aus. „Ich meine, dass wir in unserem Leben mehr schlechte als gute Entscheidungen treffen. Dagegen kann man nun mal nichts tun."

Aber hin und wieder treffen wir auch die richtigen Entscheidungen. Jetzt bloß nicht zu negativ denken.

„Ja tatsächlich vermisse ich sie hin und wieder."

„Wusste ich es doch."

Er ist nicht so hart, wie er aussieht. Ich beugte mich etwas vor und sagte: „Ich verspreche dir, dass dir so etwas nie wieder passieren wird."

„Danke, das ist lieb gemeint, aber für mich kann es nur noch schlimmer werden."

Nochmal wow. Wie kann man nur so negativ denken. Genau da traf der Hammer den Nagel auf den Kopf. Depressionen meine Liebe. Starke Depressionen. Man müsste annehmen, dass ich auch welche haben müsste. Meiner Meinung nach glaube ich aber, dass ich keine habe. Na ja verrückte Gedanken hin oder her. Ich bin wenigstens glücklich.

„Hör mir mal ganz genau zu."

Oha. Ich glaube meine Schlauheit kehrt so langsam zurück. Etwas schneller bitte. Es wird auch langsam mal Zeit.

„Du musst ganz dringend deine Einstellung ändern. Die ist nämlich viel zu negativ."

Dann sah ich für einen kurzen Augenblick aus dem Fenster. Ich musste an Levi denken. Er hatte in den Anfängen unserer Beziehung auch eher eine negative Lebenseinstellung. Basierend auf seinen Lebenserfahrungen natürlich. Das kann man ändern. Oh Mann. Die Suppe war schon eiskalt. Quatsch was rede ich, ich meine, denke ich denn da. Das war sie schon, als sie uns serviert wurde. Ekelhaft. Ich wollte sowieso abnehmen. Positiv denken. Das machst du gut Ketha. „Wen hast du umgebracht?"

Was für eine tolle Frage. Reif für eine Quizshow. Ich starrte an die Decke. Das kann durchaus Spaß machen. Ist aber nichts für jedermann.

„Den Vater meines Freundes beziehungsweise Verlobten, der an seinem Tod schuld war."

„Wow."

Dass er ausgerechnet dieses Wort benutzen musste. Ich kaute ein bisschen auf meiner Lippe herum während ich darauf wartete wieder in mein Zimmer gebracht zu werden. Das war nun genug Gesellschaft für einen Tag oder Monat. Manchmal schien ich zu vergessen, dass ich erst zwei Wochen hier war. Es scheint tagesabhängig zu sein, ob es mir länger oder kürzer vorkommt. Was für ein Salat. Oder ich schiebe es einfach auf die Medikamente. Irgendeinen Zweck müssen die schließlich auch erfüllen. Sie machten mich definitiv ruhiger und auch müder. Das ist auch gut so, denke ich. Denn durch sie kann ich wirklich gut schlafen und habe keine Albträume mehr. Jedoch lassen sie mich nicht vergessen, was alles passiert ist. Was sie natürlich auch nicht sollen. Ich legte mich auf mein Bett. Es gibt Dinge, die ich wahrscheinlich nie erleben werde. Hier komme ich nicht mehr raus. Ich werde nie das Ergebnis des Werbespots sehen, den mein Vater und ich für seine Hundefutterfirma gedreht haben. Oder das Baby von meinem Onkel und meiner Tante in den Armen halten. Oder meine Familie überhaupt wiedersehen. Bis jetzt kam mich noch keiner besuchen, was mich tatsächlich trauriger machte, als ich dachte. Lediglich Leon hatte zweimal angerufen und sich erkundigt, wie es mir geht. Da sieht man mal, wem man wirklich etwas bedeutet und wem nicht. Ich glaube, hätte ich ein Kind in meiner Situation, würde ich es trotzdem besuchen. Schließlich wäre es mein Kind und ich würde es lieben egal was es tun würde. Natürlich haben sie Angst. Große Angst. Dennoch sollte die Liebe zum eigenen Kind stärker sein.

Am nächsten Morgen wachte ich mit Kopfschmerzen auf. Das gefiel mir so gar nicht. Ich fragte mich wie spät es wohl war. Morgens werden mir nämlich immer mein Frühstück und meine Medikamente gebracht. Ich hoffte inständig, dass diese auch gegen Kopfschmerzen helfen würden. Das wäre echt klasse. Ich streckte mich. Draußen war es noch fast ganz dunkel. Zweige peitschten getrieben vom Wind gegen mein Fenster. Ich beschloss noch ein wenig zu schlafen. Doch das Geräusch der Zweige machte mich wahnsinnig, sodass sich meine Fingernägel tief in das Bettlaken gruben und ich am liebsten lauthals losgeschrien hätte. Ich schloss meine Augen erneut.

„Wenn es nicht geht, dann geht es eben nicht", flüsterte plötzlich eine Stimme.

Ich bekam Angst. Besser gesagt Panik. Ich krallte mich noch tiefer ins Bettlaken und begann zu zittern. Bitte nicht. Ich bin auf dem Weg der Besserung. Ich kann nicht mehr. Der Schweiß lief meinen Rücken hinunter und ich konnte nur noch weinen. Atme tief ein und aus Ketha. Du schaffst das. Schließ die Augen und versuche es zu ignorieren. So atmete ich ein und aus. Ich spürte, wie es mir etwas besserging. „Habe keine Angst Ketha, du hattest doch noch nie Angst vor mir."

Ich öffnete langsam meine Augen und sah, dass jemand mit dem Rücken zu mir auf dem Boden saß. Das kann doch wohl nicht wahr sein. Ich nahm mein Kissen und warf es nach ihr: „Verschwinde endlich Nelly."

Dann drehte sie sich um und mein Herz klopfte wild vor Freude. Totales Gefühlschaos.

„Ich dachte, ich würde dich nie wiedersehen", sagte ich und nahm ihn ganz fest in den Arm.

Es war Levi.

„Anscheinend vermisst du mich wohl doch mehr, als ich dachte."

Er grinste und ich begann erneut zu weinen. Keine Sorge. Es waren Freudentränen. Was auch sonst.

„Du warst doch tot."

Ich konnte es kaum fassen.

„Das bin ich auch, vergiss das bloß nicht."

„Richtig."

Gut, dass er mich daran erinnert. Fast hätte ich ihn für real gehalten.

„Wo bleiben denn bloß meine Medikamente?"

„Ketha, wenn du möchtest, können wir uns ab jetzt öfter sehen."

Er streichelte meine Wange und ich fühlte mich so glücklich. Es war so unfassbar schön. Ich wuschelte durch seine Haare. Plötzlich ging die Tür auf und diese Schwester, die mir immer mein Frühstück und meine Medikamente bringt, stellte ein Tablett auf meinem Bett ab.

Dann war Levi verschwunden. Nein noch nicht jetzt. Bleib hier.

„Nimm jetzt deine Tabletten", sagte er zu mir.

Wenn man es ganz genau nimmt, dann ist er wegen ihr gegangen. Ich sprang auf ihre Schultern und drückte ihre Augen tief in ihren Kopf. Komm schon. Das kannst du doch besser. Gib dir mehr Mühe. Sie schrie vor Schmerz und plötzlich wurde ich von zwei Sicherheitsleuten auf den Boden gedrückt. Ich bekam wieder Handschellen angelegt. Mehr Details wären hier überflüssig gewesen.

Darauf folgte ein Gespräch mit Doktor Van Help. Natürlich folgte es das. Ich saß meiner Psychologin gegenüber und konnte ihr noch nicht einmal in die Augen schauen. Ich schämte mich. Doktor Van Help musterte mich und zum ersten Mal in meinem Leben hatte ich das Gefühl, dass sie wirklich Angst vor mir hatte: „Möchtest du mir etwas sagen?", fragte sie und vermied ebenfalls Blickkontakt.

Aus dem Augenwinkel konnte ich ein paar Schweißperlen erkennen, die ihr über die Stirn liefen.

Ich wippte auf dem Stuhl hin und her. „Es tut mir leid", sagte ich und blickte verlegen in meinen Schoß.

„Du hattest Fortschritte gemacht. Was ist passiert?" Wahrheit wird mit W geschrieben.

„Ich glaube, dass ich eine Panikattacke hatte. Ich dachte Nelly wäre zurück, aber es war Levi."

In dem Moment als ich seinen Namen laut aussprach, wurde mir ganz warm ums Herz. Ob ich wohl jemals aufhören werde ihn zu vermissen. Wohl eher nicht.

„Das tut mir leid Ketha. Dann bist du wohl doch noch nicht so weit, wie ich dachte."

Ich war etwas verwirrt: „Wie meinen Sie das?"

Doktor Van Help legte den Stift zur Seite und rückte ihre Brille gerade. „Anscheinend hat dir das Essen mit dem anderen Patienten doch nicht so gutgetan, wie ich es mir erhofft hatte."

Moment mal. Damit liegt sie doch wohl mehr als falsch. „Felix ist doch nicht der Grund für meine Probleme oder Wahrnehmungsstörungen. Das halte ich für höchst unwahrscheinlich. Außerdem würde ich ihn ganz gerne wiedersehen."

Oh man. Ich wurde ganz hibbelig. Hatte ich das gerade wirklich gesagt. Würde ich ihn echt gerne wiedersehen wollen?

Kapitel 10

Manchmal. Nein sogar fast immer muss ich über etwas nachdenken. Darüber, ob ich nicht doch Tagebuch führen sollte. Es veröffentlichen sollte. Ich hatte den Vorschlag von Doktor Van Help zwar immer abgelehnt, wenn sie mich dazu gedrängt hat meine Gedanken und Gefühle aufzuschreiben, aber jetzt hat diese Sache einen ganz neuen Reiz für mich bekommen. Kurz gesagt: Mir fällt hier die Decke auf den Kopf. Ich bekam ein Kribbeln im Bauch bei dem Gedanken daran, dass andere Menschen meine Geschichte lesen könnten. Es fühlte sich gut an. Das wäre doch der totale Wahnsinn. Einfach nur genial. Dann hätte ich wenigstens etwas aus meinem Leben gemacht. Ich ergänzte etwas Sinnvolles. Das gewisse Etwas hätte meine Geschichte schon. Mord, Totschlag und diese ganzen Gefühlsduseleien. Nicht zu vergessen den ganzen Liebesquatsch. Dieses ganze Gesülze. Dieses Bussi hier und Bussi da. Wird es ein Happy End geben oder nicht? Sind die Hauptcharaktere attraktiv oder nicht? Was sie natürlich zweifellos sind. Das Übliche halt. Man muss halt Ziele im Leben haben. Egal an welchem Punkt im Leben man gerade steht. Eins weiß ich auf jeden Fall. Ich würde es etwas verharmlosen. Damit es auch Mädchen in meinem Alter lesen könnten. Die Frage, die sich mir aufdrängte, war bloß: Was? Was für eine Lehre könnten diese jungen Dinger bloß aus meinem Leben ziehen. Was könnte ich ihnen mit auf den Weg geben. Mehr als ein Doktor Sommer Ratschlag sollte es schon sein. Vielleicht, dass man seine beste Freundin nicht ertrinken lässt oder dass man den Vater seines Freundes nicht tötet? Oder dass man nicht fremdküsst vielleicht? Oder dass man für alles dankbar sein sollte. Nein. Ich meine ja. Man sollte für alles dankbar sein. Aber in diese Richtung würde ich mit meinem Buch nicht gehen wollen. Ich würde den jungen Dingern vermitteln wollen, dass es im Leben nicht viel gibt was man selbst beeinflussen kann. Vieles ist Schicksal, wenn man denn daran glaubt und das meiste kommt, wie es eben kommt. Oder wie es kommen soll. Man kann auch glücklich sein, wenn man aus der Norm fällt. Wenn man sich aufgrund von Entscheidungen verändert und plötzlich einen ganz anderen Weg gehen muss. Auch wenn man sich etwas ganz anders für sein Leben vorgestellt hatte. Ach ja und ganz beiläufig, einfach nur als kleine Randnotiz, dass Alkoholabhängigkeiten nur nach hinten losgehen können und immer ihren Schaden anrichten. Dass Alkohol nie die Lösung ist. Allerdings sollte es kein Ratgeber werden und Sachbücher fand ich auch schon immer scheiße um ehrlich zu sein. Dieses Sachliche ist einfach nicht meins. Wow. Ich fühlte mich mit meinen jungen Jahren plötzlich so weise. So reif. Vielleicht würden einige Menschen denken, dass mein Leben ein Negativbeispiel ist. Dafür, wie man es eben nicht machen sollte. Damit könnte ich auf jeden Fall leben. Ich bin schließlich pflegeleicht. Obwohl es dann ironischerweise wieder ein Ratgeber wäre. Irgendwann mussten meine Gedanken ja wieder anfangen ihre Kreise zu ziehen. Das war es dann erst mal wieder mit der Zukunftsplanung. Ich fuhr durch meine Haare. Spielte mit den Knöpfen an meinem Kittel rum, aber nichts vertrieb diese Langeweile, diese Leere. Jeder, der mich kennt, weiß, dass ich an einer Hand abzählen kann wie oft mir langweilig war in meinem gesamten Leben. Ketha du bist selbst schuld. Merkt ihr das. Die Stimmen in meinem Kopf sind wohl mit dem falschen Fuß aufgestanden. Sofern sie denn Füße haben und geschweige denn aufstehen können. Wer weiß das schon. Soll es ja alles geben. Ich bin offen für alles. Ich streckte meine Arme und Beine von mir. Schloss die Augen und dachte nach. Schon wieder. Ich hätte nie gedacht, dass ich meine Lieblingsbeschäftigung mal so satthaben würde. Kein Wunder, dass hier niemand wieder gesund oder geheilt wird. Hier muss man einfach irrewerden.

„Du könntest dich auch mit mir unterhalten."

„Theoretisch ja. Aber will Ketha das denn auch?" Ich zog mir die Decke über den Kopf. „Deinen Apfel könntest du auch etwas leiser kauen."

Levi grinste schelmisch: „Ich kaue ihn nur so laut, weil du das so willst."

Jetzt kommt der mir wieder mit diesem Gequatsche. Von wegen er ist nicht real, ich bin krank. Er existiert nur in meiner Fantasie, ich bin krank. Er sieht immer noch verdammt süß aus, ich bin krank. Obwohl letzteres eher unpassend war. Es entsprach dennoch der Wahrheit. Ich seufzte. Dann setzte ich mich in den Schneidersitz. „Lass uns reden, auch wenn du gerade meine Zukunftsplanung störst."

Levi verschluckte sich und hustete so laut, dass ich der festen Überzeugung war er würde abkratzen. Schon wieder.

„Du bist echt süß. Sitzt hier alleine im Dunkeln. Eingesperrt. Das Mondlicht scheint durchs Fenster hinein. Machst immer noch Pläne. Als würdest du hier wieder rauskommen. Hier ist Endstation."

Als ob. Mein Leben endet hier nicht und mein Buch würde es auch nicht. Das wäre zu langweilig. Levi setzte sich neben mich. Seine Haare waren schön zurechtgemacht. Seine Augen leuchteten wie Sterne am Nachthimmel und ich machte es schon wieder. Dieses Liebesgesülze muss aufhören. Sowas würde doch keiner lesen wollen. Keiner ernst nehmen. Also nochmal von vorne. Er sah furchtbar aus. Seine Haare waren zerzaust wie die eines Straßenköters und von dem Rest will ich erst gar nicht anfangen. Zwinker. Ich weiß, dass ich diesbezüglich ein hoffnungsloser Fall bin.

„Ich könnte deine Laune etwas aufheitern, wenn du willst", sagte er und nahm meine Hände in seine.

„Du willst mir sagen, dass ich Felix besuchen soll, weil er das so möchte. Das weiß ich bereits." Warum mache ich mir überhaupt Hoffnung. Er kann mir gar nichts Neues erzählen, was ich nicht weiß, da er ein Produkt meiner Fantasie ist. Die Therapiestunden schienen sich endlich auszuzahlen. Das wird aber auch mal Zeit. Ich strahlte wie ein Honigkuchenpferd. „Danke für deine Zeit, aber ich würde jetzt gerne ins Land der Träume eintauchen."

Levi schaute mich verdutzt an. „Ist das dein Ernst? Du schmeißt mich raus?"

„Ja Levi ich schmeiße dich raus."

Plötzlich verdunkelte sich sein Blick und er schrie: „Du wirst das noch bereuen. Du kannst nicht gut mit Schuldgefühlen umgehen. Ich kenne dich Ketha."

Jetzt spielt er die Drohkarte aus. Das tun sie dann immer. Ich gähnte. „Mach was du nicht lassen kannst, aber lass mich in Ruhe." Ich legte mich hin und deckte mich zu. Wir hatten Vollmond. Ich liebe den Vollmond.

„Ketha, hob er noch einmal an, das bist nicht du. Das sind deine Gefühle für diesen Felix. Wir gehören doch zusammen."

Ich versuchte gleichmäßig zu atmen und schloss die Augen. Irgendwann verschluckte ihn die Dunkelheit.

Am nächsten Morgen arrangierte ich tatsächlich ein weiteres Treffen mit dem Dicken. Soziale Kontakte und so. Muss man pflegen und so. Außerdem wollte er mich ebenfalls wiedersehen. Ich konnte mich noch nicht einmal selbst davon überzeugen, ihn ohne Hintergedanken wiedersehen zu wollen. Na ja. Ich kämmte mir dieses Mal besonders lange meine Haare. Egal ob weggesperrt oder nicht. Man sollte dennoch etwas für sein Aussehen tun. Es ist zwar nicht das A und O, aber trotzdem von Bedeutung. Eigentlich sollte ich mir keine Gedanken machen. Ich habe lange Haare. Bin schlank. Seit ich hier bin sogar gertenschlank. Das Wort hatte ich mal irgendwo aufgeschnappt. Ich brauchte frische Luft. Und das dringend. Also öffnete ich das Fenster. Für alle, die es interessiert.

Ja, dahinter befindet sich noch eine Scheibe aus Plexiglas. Ja, ich wurde dementsprechend als suizidgefährdet eingestuft.

Ja, ich hatte echt das große Los gezogen.

Wenn ihr mich fragt, ist das nur reine Vorsichtsmaßnahme. Ich würde mein Leben niemals freiwillig hergeben. Irgendwann sterben wir sowieso alle.

Ich machte mich auf den Weg zum Aufenthaltsraum, der auch als „Der Käfig" bezeichnet wird. Das ist aber auch so ziemlich das Einzige, was mir die anderen Patienten beigebracht haben. Die eine Hälfte war nicht sonderlich gesprächig und die andere denkt, dass sie „vom Teufel besessen" ist. Totaler Quatsch. Eines haben jedoch alle gemeinsam. Jeder wünscht sich akzeptiert zu werden.

Als Felix mich auf ihn zukommen sah, lächelte er mich an. Ich lächelte zurück und setzte mich neben ihn.

„Na Sonnenschein. Heute mal ohne Handschellen unterwegs?"

„So ist das halt, wenn Männer ihren animalischen Gelüsten nachgehen. Und mit Männern meine ich geschultes Fachpersonal in einer Irrenanstalt."

Ich zuckte mit den Achseln.

Während Felix sprachlos schien, sah ich wie eine Frau den Raum betrat. Das erforderte eine detaillierte Beschreibung. Fette Arme. Fette Beine. Was rede ich denn da. Alles an ihr war fett. Aber so gemein wollte ich dann doch nicht sein. Sie war jung. Hübsch geschminkt. Auch wenn der Kajalstrich unter ihren Augenlidern verriet, dass sie asozial sein muss. Sie trug ihre braunen, kinnlangen Haare offen. Ihr Scheitel war etwas fragwürdig. Genauso wie die Tatsache, dass sie sich mit dieser Figur in eine Legging traute. Ein Hoch auf das Selbstbewusstsein. Meinen Respekt hatte sie.

„Wo ist Catalina?", fragte Felix und sprang wie ein wildgewordenes Kaninchen von seinem Stuhl auf. Er wirkte verärgert.

„Mein neuer Freund passt auf sie auf. Als ob ich sie mitnehme." Die fette aber junge Frau verdrehte die Augen.

„Das war auch wieder klar. Du kannst dich einfach nicht an Absprachen halten. Jetzt passt so ein Lackaffe auf meine Tochter auf. Hätte das nicht wenigstens deine Mutter machen können, die sowieso arbeitslos ist und den ganzen Tag faul auf dem Sofa sitzt?" Felix schmiss sich zurück auf seinen Stuhl.

Wo bin ich hier bloß hineingeraten. Ich bin gar nicht sicher, ob ich das überhaupt wissen möchte.

„Meine Anwältin hat gesagt, dass ich sie erstens nicht mitnehmen muss so lange das mit dem Sorgerecht noch nicht geklärt ist und zweitens werde ich deine Entlassungspapiere bestimmt nicht unterschreiben, wenn du dich mir gegenüber so verhältst."

Sie setzte sich hin. Es war echt nicht schön ihr dabei zuzusehen. Der Stuhl war einfach nicht breit genug.

Ich grinste.

„Ich wusste gar nicht, dass die hier auch Schweine reinlassen."

„Was hast du gesagt?

Uh. Sie sah echt sauer aus.

„Manche können die Wahrheit einfach nicht vertragen. Ich werde mal mit deinem Spiegel reden. Vielleicht ist es gar nicht deine Schuld."

Ich wollte aufstehen, doch Felix nahm meine Hand und hielt sie fest. Meiner Meinung nach etwas zu fest.

„Das ist übrigens meine zukünftige Ex-Frau Sandra."

Das erklärte einiges. Sowohl den bissigen Tonfall als auch die eher eisige Atmosphäre. Ich hatte sie mir zugegebenermaßen anders vorgestellt.

Sandra fuhr durch ihre Haare: „Mich interessieren deine neuen Bekanntschaften nicht. Ich bin nur hier, um mit dir über die Scheidung und über Catalina zu sprechen. Mehr nicht."

Am liebsten hätte ich ihr die Augen ausgekratzt. Sie ein wenig gewürgt. Aber was solls. Eigentlich will ich gar nicht bei diesem Gespräch anwesend sein. Wie gerne würde ich meinen Kopf auf den Tisch knallen. Gott sei Dank ist sie nicht mein Problem. Ich starrte an die Decke. Ich wusste gar nicht, dass so viele Lampen kaputt waren. Die sparen hier echt an allen Ecken und Kanten.

„Dann rede mit mir über Catalina. Wann kann ich sie wiedersehen?"

„Dann, wenn ich die Entlassungspapiere unterschreibe. Ich werde sowieso das alleinige Sorgerecht beantragen."

Ich schaute schnell zu Felix. Ich war mir sicher, dass er ausrasten würde. Innerlich musste er doch kochen vor Wut. Aber das tat er nicht. Er saß einfach da. Sein Kopf glich einer Tomate und ich hörte ihn tief ein und ausatmen. Sehr gut. Er beugte sich etwas über den Tisch „Du wirst mir jetzt ganz genau zuhören, Fräulein. Ich habe keine Lust mehr auf deine Spielchen. Catalina ist auch meine Tochter. Denkst du wirklich, dass ich sie mir so einfach wegnehmen lasse? Den Zahn werde ich dir ziehen. Sieh zu, dass du beim nächsten Mal die Scheidungspapiere mitbringst. Ich bin nicht länger deine Marionette."

„Das werden wir noch sehen. Wer zuletzt lacht, lacht am besten."

Mit diesen Worten verließ Sandra den Raum. Schneller als gedacht. Gott sei Dank nicht meine Baustelle.

Ich schaute Felix in die Augen. Es sah aus als würde er Tränen zurückhalten und seine Hand war etwas schwitzig.

„Du kannst ihr doch nicht so viel Macht über dich geben. Vergiss das Biest einfach."

„Wie soll ich sie vergessen? Sie ist immer noch meine Frau und die Mutter meines Kindes."

Hm. Ich streichelte sanft über seinen Handrücken.

„Dann bieg es wieder gerade."

Heulende Männer sind echt nicht so meins. Genauso wenig wie Männer, die fast am Heulen sind. Das kann man alles über einen Kamm scheren. Hat schließlich nichts mit Menschenrechten zu tun. Oder vielleicht doch.

„Trotzdem danke, dass du geblieben bist. Ich trete ihr nicht gerne alleine gegenüber."

„Wenn du sie noch liebst, dann geh wieder zu ihr zurück und werde der Vater, der du für deine Kleine sein möchtest."

Ich verkniff mir meine Tränen und setzte mich an den Nebentisch, um zu puzzeln. Alleine. Denn das werde ich wohl immer bleiben.

Bereits als Kind habe ich mich immer gefragt, ob man vergisst, welcher Wochentag ist, sobald man eingesperrt wird. Die Antwort darauf ist ein klares Nein. Man vergisst es nicht. Ganz und gar nicht. Man achtet sogar noch verstärkt darauf. Zählt jede Woche, jeden Tag und jede einzelne Sekunde. Außerdem bekommt man ein Auge fürs Detail. Logischerweise. Ich würde gerne einen Strich an die Wand malen für jeden Tag, den ich hier verbringen muss. Das würde etwas mehr Drama in mein Leben bringen. Ich versuchte zu lächeln, doch es war sehr mühselig. Deshalb konnte ich es nur einige Sekunden halten. Die müssen meine Medikamente schon wieder neu eingestellt haben. Wenn ich ehrlich bin, höre ich bei dem Thema Tabletten, Antidepressiva, Schlafmittel bla bla bla, schon gar nicht mehr hin. Ich versuchte mich hinzusetzen, doch auch dafür war mein Körper wohl etwas zu schwach. Somit beschloss ich einfach liegen zu bleiben. Sowie gestern. Sowie vorgestern und auch die Tage davor. So muss es sich anfühlen zu sterben. Jeden Tag ein kleines bisschen mehr. Stück für Stück. Bis nichts mehr übrig ist. Nelly hatte recht. Irgendwie war mir etwas schwindelig.

Ich bekam noch nicht einmal richtig mit wie Dr. Van Help zu mir ins Zimmer kam und sich zu mir aufs Bett setzte.

„Ich wusste gar nicht, dass wir heute eine Sitzung haben."

Hatte ich mich etwa doch im Wochentag geirrt?

Nein, das konnte eigentlich nicht sein.

Dr. Van Help räusperte sich und rückte die Brille auf ihrer Nase zurecht: „Nein, haben wir nicht."

„Dann ist ja gut, ich dachte schon ich hätte mich verzählt."

„Das wäre doch nicht schlimm gewesen. Ich habe gehört, dass du die letzten Tage dein Bett nicht verlassen wolltest."

Meine Therapeutin sah besorgt aus. Was auch sonst. Etwas Anderes können die doch gar nicht.

„Was wollen Sie jetzt von mir hören? Man darf doch wohl auch mal im Bett liegen bleiben. Wenn nicht hier, wo dann?" Ich zog mir die Decke über den Kopf.

Dr. Van Help legte ihre Hand auf meine Schulter. Ich hätte ihr gerne gesagt, dass ich nicht so darauf stehe angetatscht zu werden, aber ich wollte meine Kräfte etwas schonen. Zum Beispiel um zu atmen. Ich muss mich korrigieren. Vor allem um zu atmen.

„Meine Güte du zitterst ja am ganzen Leib."

Ich warf ihr einen missbilligenden Blick zu. Zu mehr war ich nicht im Stande.

„Anscheinend sind deine Medikamente etwas zu hoch eingestellt. Ich werde gleich mal mit einem deiner Ärzte sprechen."

„War es das dann?"

Meine Güte ein ganzer Satz. Ich fühlte mich so als hätte ich einen Preis gewonnen.

„Nein, das war es noch nicht ganz. Der eigentliche Grund für meinen Besuch besteht darin, dass ich dir etwas geben möchte."

Sie zog einen Briefumschlag aus ihrer Hosentasche und hielt ihn mir hin. Wow, eine Therapeutin in Skinny Jeans. Mutig mutig. Wir sind schließlich alle nur Menschen. Wie gerne würde ich mal wieder eine Jeans tragen. Ob meine Eltern meine Anziehsachen wohl schon entsorgt haben? Bestimmt gespendet, wie ich meine Mutter kannte.

„Ich war bei deinen Eltern und die haben mir diesen Brief für dich mitgegeben."

Na wenn die sich sonst schon nicht melden, dann ist so ein Brief wohl das Mindeste. Ich öffnete den Briefumschlag und faltete den Brief mühsam auseinander, da meine Finger nicht so richtig mitspielen wollten. Als ich es geschafft hatte, begann ich endlich zu lesen.

Geschrieben stand dort:

Liebe Ketha,
Ich bete zu Gott, dass dieser Brief dich erreicht. Ich weiß, dass es wahrscheinlich unangebracht ist, aber ich möchte dir einmal Danke sagen. Für alles, was du zum einen für meinen Sohn und für mich getan hast. Danke, dass du für ihn da warst, als ich es nicht konnte und danke dafür, dass du seinen Tod in gewisser Weise gerächt hast. Ich danke dir von Herzen, dass ich nun keine Angst mehr vor meinem Mann haben muss. Du bist mutiger, als ich es je war oder sein werde.

Ich packte den Brief zurück in den Briefumschlag.

„Möchtest du darüber sprechen, was in diesem Brief steht?"

„Nein danke, ich wäre jetzt gerne wieder allein."

Dr. van Help nickte und verließ das Zimmer.

Mein Herz fing an zu pochen und meine Hände schwitzten ganz widerlich. Monika Ziegler dankte mir. Ich habe sie aus der Hölle befreit. Darüber hatte ich mir vorher noch keine Gedanken gemacht. Wenigstens kann einer von uns sein Leben nun in Freiheit genießen.

Am nächsten Morgen bekam ich tatsächlich die ein oder andere Tablette weniger. Entweder hatte Dr. Van Help tatsächlich mit einem meiner Ärzte gesprochen oder es lag daran, dass ich heute ein paar Tests machen musste. Dabei hatte ich viel mehr Lust auf Mensch ärgere dich nicht. Oder vielleicht sind meine Augen auch schlechter geworden und ich würde bald wieder eine Brille brauchen. Hoffentlich nicht. Ich habe es immer gehasst. Brillenschlange hier. Brillenschlange da. Ätzend. Nach den Tests freute ich mich aufs Frühstück und auf Felix.

Ich sah Felix schon von Weitem auf mich zurollen. Na ja mit der Figur kann man sich auch nicht wirklich verstecken. Schon gar nicht, wenn die meisten hier eher wie Streichhölzer aussehen. Mein Herz hüpfte vor Freude, als er sich neben mich setzte.

„Ich habe eine gute und eine schlechte Nachricht. Welche möchtest du zuerst hören."

Felix stopfte sich einen Löffel Pudding in den Mund.

Ich überlegte. „Zuerst die schlechte bitte."

„Die Schlechte ist, wir werden uns bald nicht mehr sehen können und die Gute, dass ich diesen Schuppen endlich wieder verlassen kann."

Seine Augen funkelten wild und entschlossen.

Während er wie ein Honigkuchenpferd grinste, musste ich mich damit beeilen die Schmetterlinge wieder einzufangen, die bereits in meinem Bauch umherflatterten. Scheiße. Was macht Ketha denn jetzt?

„Das freut mich für dich. Also dass du wieder rauskommst."

Felix kratzte den letzten Rest aus seinem Puddingbecher.

„Ja ich freue mich schon den ganzen Tag wie ein kleines Kind. Endlich werde ich meine Kleine wieder im Arm halten können. Endlich wird ihr Papa wieder an ihrer Seite sein können. Ich hätte mich gar nicht erst einweisen lassen sollen."

„Aber dann hätten wir uns nicht kennengelernt."

„Das ist wohl wahr, aber ich hätte dann bei meiner Tochter sein können."

„Und bei deiner Frau."

Das kann doch wohl nicht sein Ernst sein. Ich versuchte meine Wut zu unterdrücken. Atemübung lässt grüßen.

„Ja natürlich auch bei ihr", Felix stotterte.

Puh. Das Atmen manchmal so schwierig sein kann.

„Jetzt auf einmal unterschreibt sie deine Entlassungspapiere oder wie?"

Ich stand auf, bereit zu gehen, doch Felix zog mich zurück.

„Ja heute Nachmittag wird sie mich abholen und wir werden es noch einmal miteinander versuchen. Dazu hast du mir doch sogar geraten."

Ich verdrehte die Augen und antwortete: „Wie du möchtest. Es ist dein Leben. Mach das Beste draus. Ich wünsche dir viel Glück."

Ich hatte schon die Tür im Visier, als ich mich nochmal umdrehte, um ihn ganz fest an mich zu drücken.

„Hey ihr wisst doch, dass das nicht geht!", fuhr uns eine Schwester an.

„Hast du hier auch schon was zu melden?", fragte Felix sarkastisch.

Ich blickte zuerst in seine blauen Augen, dann betrachtete ich seine vollen Lippen, wobei die untere wesentlich voller war und presste anschließend meine auf seine. Ich schloss die Augen und genoss einfach nur diesen einen Augenblick. Er hätte sich wehren können, doch er tat es nicht. Typisch Mann halt.

„Du kannst meinen Pudding auch noch essen, wenn du willst."

Ich ging. Diesmal ohne mich noch einmal umzudrehen.

Das Ende

Der Anfang vom Ende begann mit einem Anruf. Bis dato hatte Leon mich zwei Mal angerufen und sonst keiner. Bis zum Ende eben.

Ich saß auf dem Boden, gerade gefangen in einem weiteren Gedankenstrudel als eine Schwester zur Tür hereinkam. Sie teilte mir zügig mit, dass tatsächlich jemand in der Leitung auf mich wartete. Ich war aufgeregt wie schon lange nicht mehr. Tausend Gedanken schossen mir durch den Kopf als ich den Hörer in die Hand nahm.

„Hallo?"

„Hallo Ketha. Es ist schön deine Stimme zu hören."

„Es ist auch schön deine Stimme zu hören." Sabrinas Stimme zu hören war Balsam für meine inzwischen einsame Seele.

„Ich muss einfach mit dir sprechen. Ich brauche einfach jemanden zum Reden gerade."

Sie klang verzweifelter als sonst. Was war bloß mit der Bikini-Sabrina passiert?

„Was ist denn los?"

Sabrina schluchzte. „Es geht um Tristan. Er hat Schluss gemacht."

An dieser Stelle hätte ich gerne gesagt „Ich habe es dir doch gleich gesagt", doch stattdessen antwortete ich ihr, dass es mir leidtäte.

„Wieso erzählst du das eigentlich ausgerechnet mir?"

„Weil das noch nicht die ganze Wahrheit ist. Ich bin schwanger."

Ach wenn es sonst weiter nichts ist. Schwanger mit sechzehn vom Sportlehrer.

„Wissen deine Eltern davon?"

„Natürlich nicht. Meine Eltern sind doch Anwälte. Was meinst du was dann los ist. Sowas spricht sich rum."

Ich musste anfangen zu lachen. Ganz ungewollt natürlich.

„Hat Herr Tenim denn nichts von Verhütung gehört? Mit seinen dreißig oder vierzig Jahren?"

Gott sei Dank haben Levi und ich immer aufgepasst.

„Erstens kann ich solche Fragen im Moment wirklich nicht gebrauchen und zweitens ist Tristan achtunddreißig. Glaube ich zu mindestens."

„So so", antwortete ich, „was soll ich deiner Meinung nach jetzt tun? Du weißt doch, dass ich mein Leben hier verbringen muss. Entweder hier oder ich werde eine Knastbraut."

Für einen kurzen Moment war es still in der anderen Leitung.

„Kannst du nicht irgendwie rauskommen? Ich schaffe das nicht allein."
Gute Frage.
„Bitte Ketha. Du bist meine einzige Hoffnung."

Im Nachhinein war dieses kurze Gespräch der Auslöser für viele Dummheiten. Für sehr viele Fehler, auf die ich im Nachhinein echt nicht stolz bin. Es brauchte bloß ein paar Wochen der Manipulation und des Lügens, worin ich Gott sei Dank sehr viel Übung hatte. Es dauerte gar nicht lange bis sie sich gegenseitig zerfleischten und das Personal ausgelastet, erschöpft und schließlich mehr als unterbesetzt war. Irgendwann fand ich dann schließlich jemanden, der bereit dazu war, mich rauszulassen. Mich rauszuschmuggeln. Natürlich nicht ohne entsprechende Gegenleistung. Deshalb beende ich dieses Thema an dieser Stelle. Wenn man einmal so weit gegangen ist, kann man es nicht mehr rückgängig machen. Egal. Ich habe schon ganz andere Dinge durchgestanden.

Mit Hut und Sonnenbrille quetschte ich mich durch die Menschenmassen auf den Bürgersteigen und versuchte dabei so wenig wie möglich aufzufallen.
 Was das für ein Gefühl war wieder draußen zu sein. Herumlaufen zu können. Was für mich vorher eine Selbstverständlichkeit war, wurde jetzt zu einer Besonderheit. Ich hätte mir eine Jacke anziehen sollen. Es war nach wie vor bitterkalt und mein Nachthemd wärmte mich dementsprechend nicht im Geringsten.
 Plötzlich stolperte ich über einen leeren Kaffeebecher und fiel hin.
 „Komm und nimm meine Hand."

Ich nahm Levis Hand und stand auf.

„Wo willst du denn hin?", fragte er und zog eine Augenbraue misstrauisch nach oben.

„Ich gehe zu Sabrina."

„Was für eine großartige Idee. Willst du erfrieren oder was? Geh lieber wieder zurück oder komm mit mir."

Ich war sichtlich verwirrt.

„Warum sollte ich mit dir irgendwo hingehen?"

„Ganz einfach. Weil du mir vertraust oder etwa nicht?"

Ehrlich gesagt war mir einfach nur kalt und ich war erschöpft.

„Wir kennen da einen Ort, an dem wird es dir bald bessergehen." Nelly lächelte mich an.

Wie hätte ich da Nein sagen können.

Kurz darauf begleitete ich die beiden bis zum Bahnhof. Ich hatte nicht die leiseste Ahnung, was ich dort sollte.

„Soll ich mich jetzt vor einen Zug schmeißen oder was?"

Levi und Nelly schauten auf den Boden.

Nein. Jetzt mal ehrlich. Ich merkte wie mir die Tränen kamen. Man hat im Leben doch immer eine Wahl. Egal was passiert.

„Tu es Ketha. Dann können wir endlich wieder zusammen sein." Levi zog mich am Arm.

„Dein Leben ist doch gar nicht mehr lebenswert", sagte Nelly.

Vielleicht hatten sie recht. Vielleicht war hier Endstation. Vielleicht sollte die Geschichte hier enden.

Vielleicht sollte mein Leben genau hier vorbei sein.

Ich war schon komplett durchgefroren als ich meine Augen schloss. Meine Finger und Zehen spürte ich schon eine Ewigkeit nicht mehr. Ich war müde. Ich würde nur auf den nächsten Zug warten müssen. Mir taten schon jetzt die Menschen leid, die das mitansehen müssen. Das wird eine Sauerei.

Die Autorin

Kimberly Ewald wurde 2000 geboren und lebt in Nienburg mit ihrer eigenen kleinen Familie. Sie lernte das Lesen von ihren Großeltern und schrieb ihre erste Geschichte im Alter von acht Jahren. So entwickelte sich eine Leidenschaft für das Schreiben und Bücher. In ihrer Freizeit interessiert sie sich sowohl für klassische Mythologie als auch Fantasyliteratur und schaut am liebsten Horrorfilme.

Der Verlag

> *Wer aufhört
> besser zu werden,
> hat aufgehört
> gut zu sein!*

Basierend auf diesem Motto ist es dem novum Verlag ein Anliegen, neue Manuskripte aufzuspüren, zu veröffentlichen und deren Autoren langfristig zu fördern. Mittlerweile gilt der 1997 gegründete und mehrfach prämierte Verlag als Spezialist für Neuautoren in Deutschland, Österreich und der Schweiz.

Für jedes neue Manuskript wird innerhalb weniger Wochen eine kostenfreie, unverbindliche Lektorats-Prüfung erstellt.

Weitere Informationen zum Verlag und
seinen Büchern finden Sie im Internet unter:

w w w . n o v u m v e r l a g . c o m